rowohlts
monographien

HERAUSGEGEBEN
VON
KURT KUSENBERG

GOTTFRIED BENN

IN
SELBSTZEUGNISSEN
UND
BILDDOKUMENTEN

DARGESTELLT
VON
WALTER LENNIG

ROWOHLT

Dieser Band wurde eigens für «rowohlts monographien» geschrieben
Den dokumentarischen und bibliographischen Anhang bearbeitete Paul Raabe
Umschlagentwurf Werner Rebhuhn
Vorderseite: 16. April 1956
(Fritz Eschen, Berlin)
Rückseite: Dr. Benn in seinem Sprechzimmer, Belle-Alliance-Straße
(um 1928)
(Ilse Benn)

1.–15. Tausend	Mai 1962
16.–20. Tausend	September 1962
21.–25. Tausend	Juli 1963
26.–30. Tausend	November 1964
31.–38. Tausend	Februar 1966
39.–43. Tausend	Januar 1968
44.–48. Tausend	Juli 1969
49.–52. Tausend	Juni 1971
53.–55. Tausend	April 1973
56.–58. Tausend	August 1974

Veröffentlicht im Rowohlt Taschenbuch Verlag GmbH,
Reinbek bei Hamburg, Mai 1962

Gesetzt aus der Linotype-Aldus-Buchschrift
und der Palatino (D. Stempel AG)
Gesamtherstellung Clausen & Bosse, Leck/Schleswig
Printed in Germany
ISBN 3 499 50071 X

INHALT

Die einschlägige Forschung hat über alle Zweifel hinaus nachgewiesen, welche Fülle von Genie und Hochbegabung in mehr als vier Jahrhunderten aus dem protestantischen Pfarrhaus hervorgegangen ist. Mit Recht war also Gottfried Benn auf diese Herkunft stolz und ist in seinem Werk verschiedentlich auf sie eingegangen, am ausführlichsten in den Jahren 1933/34, als er sich genötigt sah, gegen den Vorwurf «nichtarischer» Abstammung aufzutreten.

Er wurde am 2. Mai 1886 im Dorfe Mansfeld (Westprignitz) als zweites Kind und erster Sohn des protestantischen Pfarrers Gustav Benn und dessen Frau Caroline, geb. Jequier, geboren — im gleichen Pfarrhaus übrigens, in dem bereits des Dichters Großvater als Geistlicher gewirkt hatte. Gustav Benn war damals 29 Jahre alt und hatte bis zu seiner Amtseinsetzung einige Jahre als Erzieher in den Schlössern des preußischen Landadels gewirkt. Auf dem Gut der Familie v. Wilamowitz lernte er seine spätere Frau als französische Gouvernante kennen: Caroline Jequier stammt aus einer alten Uhrmacherfamilie in der französischen Schweiz, war ein Jahr jünger als ihr Mann und hatte zeitlebens etwas Schwierigkeiten mit der deutschen Sprache (so weit bekannt, hat sie nach der Heirat ihre Heimat nie wieder besucht). Bald nach der Geburt des ersten Sohnes verließen die Eltern Mansfeld und zogen nach Sellin, einem großen Dorf in der Neumark. Die neue Pfarrstelle war etwas einträglicher als die erste, wenn auch hier ein nicht unerheblicher Teil des Einkommens aus einer kleinen, dazugehörigen Landwirtschaft gezogen wurde und in den Naturalien bestand, die die Gemeindemitglieder traditionsgemäß dem Pfarrhaus schuldeten. In Sellin wurden dem Pfarrerspaar noch sechs weitere Kinder geboren, insgesamt waren es sechs Söhne und zwei Töchter. Wenn auch eines der Kinder, ein Sohn, bereits im Kindesalter starb, so blieb das materielle Leben für die völlig unvermögenden Eltern doch eine höchst entsagungsvolle Aufgabe, und an Sorgen aller Art hat es nie gefehlt.

Sellin liegt jenseits der Oder, in dem Gebiet, das 1945 unter polnische Verwaltung gestellt wurde; es leben heute keine Deutschen mehr dort. 1934 schrieb Gottfried Benn über seine Jugend in der ländlichen Neumark:

Ein Dorf mit 700 Einwohnern in der norddeutschen Ebene, großes Pfarrhaus, großer Garten, drei Stunden östlich der Oder. Das ist auch heute noch meine Heimat, obgleich ich niemanden mehr dort kenne, Kindheitserde, unendlich geliebtes Land. Dort wuchs ich mit den Dorfjungen auf, sprach platt, lief bis zum November barfuß, lernte in der Dorfschule, wurde mit den Arbeiterkindern zusammen eingesegnet, fuhr auf den Erntewagen in die Felder, auf die Wiesen zum Heuen, hütete die Kühe, pflückte auf den Bäumen die Kirschen und Nüsse, klopfte Flöten aus Weidenruten im Frühjahr, nahm Nester aus. Ein Pfarrer bekam damals von seinem Gehalt noch einen Teil in Naturalien, zu Ostern mußte ihm jede Familie aus der Ge-

Der Vater in späteren Jahren

meinde zwei bis drei frische Eier abliefern, ganze Waschkörbe voll standen in unseren Stuben, im Herbst jeder Konfirmierte eine fette Gans. Eine riesige Linde stand vorm Haus, steht noch heute da, eine kleine Birke wuchs auf dem Haustor, wächst noch heute dort, ein uralter gemauerter Backofen lag abseits im Garten. Unendlich blühte der Flieder, die Akazien, der Faulbaum. Am zweiten Ostermorgen schlugen wir uns mit frischen Reisern wach, Ostaras Wecken, alter heidnischer Brauch; Pfingsten stellten wir Maien vor die Haustür und Kalmus in die Stuben. Dort wuchs ich auf, und wenn es nicht die Arbeiterjungen waren, waren es die Söhne des ostelbischen Adels, mit denen ich umging. Diese alten preußischen Familien, nach denen in Berlin die Straßen und Alleen heißen, ganze Viertel, die berühmten friderizianischen und dann die bismarckischen Namen, hier besaßen sie ihre Güter, und mein Vater hatte einen ungewöhnlichen seelsorgerischen Einfluß gerade in ihren Kreisen. (Lebensweg eines Intellektualisten)

Über seinen Vater hat er als alter Mann einmal geschrieben:

Ich habe ja ein ausgesprochenes Faible für das Pfarrhäusliche, obschon ich mich so weit davon entfernte. In meinem heimatlichen gab es keinen Chopin, es war völlig amusisch, mein Vater hat nie in seinem Leben ein Buch gelesen, einmal, Anfang des Jahrhunderts, war er in Berlin im Theater gewesen, in Wildenbruchs «Haubenlerche», erinnere ich mich. Aber ein großer Zelot und Fanatiker war er auch; aber es ging von ihm eine Stärke aus, wie ich sie nie wieder an irgendeinem Menschen erlebt habe: wenn er neben Ihnen stand, konnte Ihnen nichts passieren und Sie konnten nicht sterben — ein seltsamer Mann. (Aus einem Brief an H. E. Holthusen vom 16. 5. 54)

Zu dieser fast bewundernden Einschätzung des Vaters kam es bei Gottfried Benn allerdings erst spät, in den letzten Lebensjahren. Vorher kann man eher von einem gewissen Vaterhaß sprechen; die vorherrschende Neigung gehörte jedenfalls lange Zeit der Mutter. Aber doch war dieses Pfarrhaus, man muß es festhalten, nach des Dichters eigener Bekundung amusisch, vom Vater und von der Mutter her. So besehen, also vom Milieu aus, gehört das Bennsche Pfarrhaus nur äußerlich zu jener großen Genie- und Talentpflanzstätte, als welche man das protestantische Pfarrhaus ganz allgemein bezeichnet. Viel wichtiger, ja, wohl überhaupt entscheidend war hier die Rassenkreuzung. *In der Ehe meiner Eltern vereinigten sich also das Germanische und das Romanische, diese beiden maßgeblich gewordenen Komponenten der europäischen Bevölkerung; man kann auch sagen, das Deutsche und das Französische* heißt es in Benns *Doppelleben* dazu, und weiter:

Es kreuzen sich in dieser Ehe aber auch die beiden tiefen typologischen Gegensätze der Kretschmerschen Konstitutionslehre: mein Vater körperlich leptosom: streng, hager; meine Mutter pyknisch, alpin untersetzt. Ergänzt und nochmals aufgenommen in den Merkenschlagerschen beiden Grundtypen der europäischen Bevölkerung:

Das Geburtshaus in Mansfeld bei Putlitz (Prignitz). Aufnahme aus dem Jahr 1956

Züge des Urjägers der eiszeitlichen Megalithkultur; meine Mutter irdisch, allem Lebendigen nah, die Gärten, die Felder säend und gießend: Ackerbautyp, Pfahlbürgertyp, mit dem realen Sein voll Lächeln und Tränen.

Gottfried Benn, der berühmte Sproß dieser Pastorenfamilie, geriet im Körpertyp nach der Mutter, eindeutig pyknisch; seine geistige Struktur allerdings scheint überwiegend durch väterliche Elemente bestimmt, und es waren von hier aus auch spezifisch preußische Tugenden, die ihn des Weiteren phänotypisch formten und weit stärker prägten, als er es oft selber wahrhaben wollte. Noch eines: ein protestantisches Pfarrhaus mochte noch so nüchtern und karg, so «amusisch» sein, es walteten darin jedoch stets zwei erhebliche Faktoren, nämlich die Lutherbibel und das protestantische Gesangbuch. Ihr tiefer, gar nicht hoch genug einzuschätzender Einfluß auf Gottfried Benn ist tausendfach nachweisbar. Trägt man überdies alle bekannt gewordenen Züge des Pastors Gustav Benn zusammen, findet man viel Ungewöhnliches, ja, Erstaunliches. Dieser einerseits so konservativ und streng kirchentreu gesinnte Mann war offenbar stark von der sozialen Strömung des Jahrhundertendes erfaßt: so war er zum Beispiel auf den Berliner «Vorwärts», das Organ der Sozialdemokratischen Partei, abonniert; das war in einem solchen Milieu und auf dem Lande damals etwas geradezu Unerhörtes. Dazu paßt auch, daß er sich gerade Wildenbruchs «Haubenlerche» im Theater ansah, eins der ersten sozialkritischen deutschen Theaterstücke. Er hat ferner, wenn seine Kinder der Schule entwachsen waren, in Glaubensdingen keinen Zwang auf sie ausgeübt; in der Folge ergriff auch nur einer der Söhne, der drittgeborene Stephan, die geistliche Laufbahn.

Es sei andererseits aber auch gleich festgehalten, wie

Die Mutter. Das Bild entstand ein Jahr vor ihrem Tode (1912)

Das Königliche Friedrichs-Gymnasium zu Frankfurt a. d. Oder. Hier legte Gottfried Benn 1903 die Reifeprüfung ab.

auffällig gegensätzlich sich Gottfried Benn zu seinem Vater entwickelte. Für soziale oder gar sozialistische Strömungen hat er nie Sympathie bekundet; vom Kirchenglauben hat er sich spätestens als Student der Medizin getrennt; dem Familienleben war er nur wenig zugetan; ganz anders als der stimmgewaltige, stets frei sprechende Prediger hatte Gottfried Benns Stimme einen verhältnismäßig leisen und gedämpften Klang, und vor einem Auditorium hielt er sich stets an ein sorgfältig ausgearbeitetes Manuskript.

Manches davon hat Gottfried Benn in seinen späteren Jahren selber festgestellt oder hervorgehoben. Trotzdem hat er über seine Kindheit und Jugend verhältnismäßig wenig berichtet, wie er sich ja überhaupt erst in sehr späten Jahren autobiographisch betätigte und dabei hauptsächlich und zweckbedingt (*Doppelleben*) den umstrittenen Teil seines Lebens während des Hitlerreichs behandelte. Aber auch was seine noch lebenden Geschwister zu erzählen wußten oder was er gelegentlich diesem oder jenem Freund und Bekannten beiläufig mitteilte, gibt keine Möglichkeit, aus dieser frühen Zeit seines Lebens irgend etwas zu gewinnen, das einen Schluß auf die spätere Entwicklung zuließe, nichts, was etwa als Vorahnung auf einen großen Dichter zu gebrauchen wäre.

Patronatsherr von Sellin war der Graf von Finckenstein, aus einem alten, reichverzweigten Geschlecht, das in der preußischen Geschichte oft sehr namhaft hervortrat. Mit dem Sohn Heinrich des

Patronatsherrn ist der junge Gottfried, wohl auch durch Hauslehrer, bereits in Sellin auf die Höhere Schule vorbereitet worden; mit ihm zusammen ging er, noch nicht zehnjährig, nach Frankfurt an der Oder aufs dortige Gymnasium, und lebte mit ihm in der gleichen Pension.

Altpreussisches Provinzgymnasium

Dieses Gymnasium war damals der höchste Stolz der Stadt Frankfurt an der Oder und gewissermaßen die letzte Erinnerung an die einstige Universität, die bekanntlich nach dem Frieden von Tilsit nach Berlin verlegt worden war. Am Frankfurter Gymnasium hatte von 1818 bis 1825 der später weltberühmte Historiker Ranke als Lehrer gewirkt. Es stand an Ruf und Rang dem berühmten Gymnasium von Neuruppin in nichts nach: gerade diese altpreußischen Provinzgymnasien gehörten damals zu den hervorragendsten Anstalten ihrer Art. Das Hauptgewicht lag natürlich auf den alten Sprachen, aber auch die Mathematik wurde nicht vernachlässigt. Es wurde viel verlangt und streng zensiert. An das unvermeidliche Pauken hat sich der alte Benn noch mit respektvollem Abscheu erinnert. Er war nicht gerade ein Vorzugsschüler, hat jedoch stets das «Klassenziel» zur durchschnittlichen Zufriedenheit erreicht; auch erwartete man natürlich, daß er seinem gräflichen Kameraden beim Lernen behilflich war. Weihnachten, Ostern und die großen Ferien verlebte er selbstverständlich zu Hause in Sellin, und man darf ihm glauben, daß er sich allemal darauf freute.

Es liegen indessen Anzeichen vor, daß in dieser Gymnasiastenzeit nicht nur Gottfrieds Selbstbewußtsein erwachte, sondern auch bereits strapaziert wurde. In Frankfurt war er zwar der väterlichen Tyrannei entrückt, aber eben doch nur um den Preis eines kaum minder drückenden Schulzwangs, denn auch «Betragen» war damals ein wichtiges, für die Gesamtzensur oft entscheidendes Fach. Im Gymnasium und in der Pension traf der junge Benn zahlreiche andere Söhne des preußischen Landadels aus der umliegenden Gegend beiderseits der Oder. Das waren ja nun keineswegs immer reiche Geschlechter, auch wurden Junkersöhne in der Regel materiell nicht eben verwöhnt – aber gerade die relative Kargheit des äußeren Lebenszuschnittes führte nicht selten zu einer gewissen starren Betonung des sozialen Rangs, oder, wie es einer aus dieser Schicht einmal formulierte, «man ersetzte die fehlenden Mittel durch Distanz und Haltung». Zwar betrachtete man protestantische Pfarrer dem sozialen Rang nach als beinahe ebenbürtig – auch die Heirat mit einem Pastor galt bei den meisten Junkern noch als «standesgemäß» (wobei es sich freilich meist um «minderbemittelte», also nur knapp mit Mitgift oder Ausstattung versehene Töchter der oft sehr kinderreichen Adelsfamilien handelte). Trotzdem lag zwischen Junker- und Pastorensöhnen noch eine kleine Welt des Unüberbrückbaren, des Geltungs- und Wertungsunterschieds. Das war bereits Gottfrieds

Gymnasiast Gottfried, zehn Jahre alt

Gottfried mit seinen Geschwistern. Rechts, stehend: die ältere Schwester Ruth

Vater mit aller Schärfe aufgegangen, sonst hätte er wohl kaum den «Vorwärts» abonniert, und dessen wurde nun auch Gottfried in seiner Gymnasiastenzeit deutlich inne. Bei ihm schlug allerdings das Ressentiment eine andere Richtung ein: sein sicheres Überlegenheitsgefühl suchte und fand Ausdruck in zunehmender menschlich-persönlicher Verschlossenheit, in einer «Distanz des Schweigens».

Stipendiat der «Pépinière»

Mit siebzehn Jahren bestand er auf diesem Gymnasium bereits sein Abitur; daß er es so zeitig tun konnte, spricht dafür, daß er, wenn auch kein begeisterter, so doch ein überdurchschnittlicher Schüler gewesen sein muß. In diesem Jahr begannen nun wohl auch die ersten Auseinandersetzungen zwischen Vater und Sohn über die Berufswahl. Der Pastor schien es für selbstverständlich gehalten zu haben, daß Gottfried Theologie oder wenigstens eine Disziplin studiere, die auf eine Laufbahn im höheren Schulwesen vorbereite. Er stieß dabei sicherlich und wohl nicht zum erstenmal auf die Opposition Gottfrieds, den es zu den Naturwissenschaften, vor allem zur Medizin hinzog. Damit drang er zunächst allerdings nicht durch; auch wird ihn die wirtschaftliche Situation seiner Familie mit ihren sieben Kindern, von denen natürlich alle Söhne studieren sollten, nicht ganz uneinsichtig gefunden haben. Der Vater bestimmte Marburg als Studienort. Er hatte nämlich Verbindungen dorthin und konnte seinen Sohn bei seiner alten Korporation, der «Turnerschaft», billig unterbringen. Es war dem Pastor begreiflicherweise wichtig, daß sein Sohn schnell, ohne Semesterverlust und mit Wahrnehmung aller Förderungsmöglichkeiten studiere. In einem kinderreichen Pfarrhaus mußte mit jedem Pfennig gerechnet werden.

Obschon von nun an das weitere Leben des Dichters durch eigene Angaben etwas besser, wenn auch keineswegs durchgehend oder gar lückenlos, belegt ist, finden sich nicht selten Widersprüche. In *Doppelleben* ist von vier Marburger Semestern die Rede, in *Probleme der Lyrik* nur von zweien. Einige der Dozenten und Vorlesungen werden genannt:

Ich war achtzehn Jahre alt, als ich hier in Marburg zu studieren anfing. Es war im ersten Jahrzehnt dieses Jahrhunderts. Ich studierte damals Philologie und hörte ein Kolleg bei Professor Ernst Elster, dem Herausgeber der ersten großen Heine-Ausgabe, sein Kolleg hieß: Poetik und literaturhistorische Methodenlehre. Es war ein anregendes und nach damaligen Maßstäben wohl auch modernes Kolleg. Heute allerdings sind die Methoden der Literaturwissenschaft sublimer, sie sind sogar äußerst sublim, namentlich in bezug auf die Prosa in Richtung von Stilanalyse und Sprachexegese, wenn man persönlich von ihr betroffen wird, wie es mir gerade in einer Doktorarbeit aus Bonn geschieht, die meine frühe Prosa analysiert, dann wirkt sie sogar wie eine Vivisektion. Also ich hörte bei Elster, bei Professor Wrede über mittelalterliche Lyrik, und bei vielen anderen hatte ich belegt, und meinen Dank für die für mich grundlegenden zwei Semester an dieser Alma mater Philippina wollte ich versuchen durch diesen heutigen Vortrag abzustatten ... Also ich war hier, wohnte in der Wilhelmstraße 10, und in Berlin-Lichterfelde gab es eine Zeitschrift mit dem Titel «Romanzeitung». Die hatte eine Rubrik, in der anonym eingesandte Gedichte rezensiert wurden. Dorthin schickte ich damals Gedichte und wartete nun zitternd einige Wochen auf das Urteil. Es kam und lautete: «G. B. — freundlich in der Gesinnung, schwach im Ausdruck. Senden Sie gelegentlich wieder ein.» Das ist lange her, und nun sehen Sie, daß ich nach einigen Jahrzehnten Arbeit doch unter die sogenannten Ausdrucksdichter gerechnet wurde, während im Gegensatz dazu meine Gesinnung jetzt vielfach als unfreundlich bezeichnet wird. (*Probleme der Lyrik*)

Der Vater war unzufrieden mit seinem Sohn, der lustlos und ohne rechten Plan studierte. Die Spannung zwischen den beiden trüb-

Marburg: die Universität

te auch die Ferienzeit auf dem neumärkischen Pfarrhof. Die Mutter litt wohl darunter, aber helfen konnte sie ihrem Sohn auch nicht, sie hätte sich gegen den alles beherrschenden Ehemann gar nicht durchzusetzen vermocht. Da kam in großer Verzweiflung Rat von anderer Seite: Gottfried wurde auf die Berliner «Pépinière» hingewiesen, die «Kaiser-Wilhelm-Akademie für das militärärztliche Bildungswesen». «Pépinière» bedeutet Pflanzstätte; als solche war die Akademie für den sanitätsdienstlichen Nachwuchs der preußischen Armee 1795 von jenem Johann Görcke gegründet worden, von dem auch die erste und weiterhin vorbildliche «Militär-Sanitätsverfassung»

Als Student in Marburg, achtzehnjährig

stammte. Als gut empfohlener Pastorensohn hatte Gottfried Benn keine Schwierigkeiten, aufgenommen zu werden. Im ersten Teil von *Doppelleben (Lebensweg eines Intellektualisten)* schreibt er über dieses Institut:

Eine vorzügliche Hochschule, alles verdanke ich ihr! Virchow, Helmholtz, Leyden, Behring waren aus ihr hervorgegangen, ihr Geist herrschte dort mehr als der militärische, und die Führung der Anstalt war mustergültig. Ohne den Vater stark zu belasten, wurden für uns alle die teuren Kollegs und Kliniken belegt, die die Zivilstudenten hören mußten, dazu bekamen wir die besten Plätze, nämlich vorn, und das ist wichtig bei den naturwissenschaftlichen Fächern, bei denen man sein Wissen mit Hilfe von Experimenten, Demonstrationen, Krankenvorstellungen in sich aufnehmen muß. Dazu hatten wir aber noch eine Fülle von besonderen Kursen, Repetitorien, hatten Sammlungen zur Verfügung, Modelle, Bibliothek, bekamen Bücher und Instrumente vom Staat geliefert. Dazu bekamen wir eine Reihe von Vorträgen und Vorlesungen über Philosophie und Kunst und allgemeine Fragen und die gesellschaftliche Bildung des alten Offizierkorps. Für jedes Semester, das man studierte, mußte man ein Jahr aktiver Militärarzt sein. Im übrigen war das Leben dort das vollkommen freier Studenten, wir hatten keine Uniform.

Wem das vielleicht heutzutage etwas zu hymnisch klingt, dem sei vorweg gesagt, daß dies der 48jährige Benn zu einer Zeit schrieb, als seine Existenz im Hitlerreich bereits schwer bedroht war und sich die ersten Fäden zu den alten Kameraden von der «Pépinière» spannen, die inzwischen in einflußreiche Stellungen gerückt waren und wirksam helfen konnten — das taten sie dann bekanntlich auch. Noch etwas anderes sei aber gleich auch wenigstens angetippt. Benn war zeit seines Lebens zwar ein guter, gewissenhafter und ungemein pflichtbewußter Arzt, aber nicht eigentlich ein leidenschaftlicher oder begeisterter Mediziner. Diese Feststellung wird gewiß manchem Widerspruch begegnen, sie läßt sich auch nur spärlich direkt belegen, sie muß aber doch ausgesprochen werden. Das *Doppelleben* darf nämlich nicht allzu paritätisch betrachtet werden: sein wichtigerer und entscheidender Teil gilt dem Dichter Benn. Daß dieser Dichter im bürgerlichen Beruf Arzt war, hat selbstverständlich auch geistige und dichterische Folgen gehabt, es war ein erheblicher Teil seiner Erfahrungswelt, aber nicht die Dominante seiner Persönlichkeit. Was ihn mit zwanzig Jahren so übermächtig zur Medizin trieb, war vielleicht gerade die Erwartung eines großen und gefährlichen Abenteuers. Daß diese Erwartung nicht trog, sollte sich erweisen.

Berlin zu Beginn des Jahrhunderts: Korso in der Siegesallee

Über die folgenden Jahre des Studiums, den Abschluß und die kurze militärärztliche Zeit hat er selber auffallend summarisch berichtet:

Um zu Ende zu kommen: nachdem ich approbiert und promoviert hatte, kam ich als Militärarzt erst zum Infanterieregiment 64 nach Prenzlau, dem Regiment von Mars-la-Tour, dann zum 3. Pionierbataillon nach Spandau, dem Bataillon vom Übergang nach Alsen. Mit der Waffe hatte ich beim 2. Garderegiment zu Fuß gedient. Ich mußte jedoch schon im ersten Jahr meiner Dienstzeit wieder ausscheiden, da sich bei einer Korpsübung, bei der ich den ganzen Tag im Sattel sitzen mußte, ein angeborener Schaden herausstellte, der mich sowohl feld- wie garnisonsdienstunfähig machte. Ich nahm den Abschied. In diesem Jahr meiner aktiven Offiziersdienstzeit erschien mein erster Gedichtband: «Morgue», bei Alfred Richard Meyer in Wilmersdorf, der im gleichen Jahr, 1912, Mari-

Die Kaiser-Wilhelm-Akademie in Berlin

netti, Carossa, Lautensack mit ihren ersten Veröffentlichungen herausbrachte. Schon diese erste Gedichtsammlung brachte mir von seiten der Öffentlichkeit den Ruf eines brüchigen Roués ein, eines infernalischen Snobs und des typischen — heute des typischen jüdischen Mischlings, damals des typischen — Kaffeehausliteraten während ich auf den Kartoffelfeldern der Uckermark die Regimentsübungen mitmarschierte und in Döberitz beim Stab des Divisionskommandanten im englischen Trab über die Kiefernhügel setzte. (*Lebensweg eines Intellektualisten*)

Der Verleger Alfred Richard Meyer. Aufnahme aus dem Jahr 1928

Es hat sich in diesen sechs Jahren natürlich weit mehr ereignet, es hat ein wahrer Entwicklungssprung stattgefunden, zumindest einer von der tastenden Liliencron-Nachfolge zum wildesten und zynischsten jener ungebärdigen jungen Dichter, die man etwas später Expressionisten nannte. Wohl nirgendwoanders wäre der junge, noch sehr provinzielle Pastorensohn so vehement und radikal mit allen Nöten und Problemen der Zeit konfrontiert worden, wie in Berlin — im damaligen Berlin, möchte man am liebsten dazusetzen. Denn Gottfried Benn ist eine exemplarische Beweisführung für Berlin als die unentbehrliche geistige Metropole eines großen Volkes. Noch hatte es damals freilich nicht den zentralistischen Sog der späteren zwanziger Jahre; München, Frankfurt/M. und Dresden waren ebenfalls wichtige Kulturzentren, die niemand übersehen durfte. Aber doch war schon die Reichshauptstadt des Wilhelminischen Zeitalters durch ihre dröhnende Riesenhaftigkeit, durch ihren vergleichsmäßig geradezu gigantischen «Kulturbetrieb» eine echte Weltstadt. Zwar längst nicht so fein und raffiniert wie Paris, dafür von einer weit größe-

Vor dem Ersten Weltkrieg: Bahnhof Friedrichstraße in Berlin

ren Vitalität, mit einer jährlichen Wachstumsrate an Menschen und Häusern, die sogar das barbarische Chicago übertraf. Über hundert Tageszeitungen, ein Vielfaches an Zeitschriften, über sechzig Theater – die Kinos allerdings zählten noch eine Weile zum Jahrmarkt. Hier sprossen auch die zahlreichen, avantgardistischen Zeitschriften, gingen wieder ein, kamen neue, hier begannen von 1910 an die skandalumbrausten Ausstellungen modernster Kunst bei Herwarth

Walden, zu denen sich Benn wohl früh schon eingefunden hat. Hier gedieh gleichzeitig der größte Kitsch wie etwa die «Siegesallee» neben dem raffinierten Impressionismus Liebermanns. Keine Stadt Europas war so reich an schroffen Gegensätzen, an heterogenen Elementen aller Art. Hier auch wurden am lautstärksten die großen sozialen Kämpfe ausgetragen — keineswegs nur im Reichstag —, denn Berlin war bereits auch die größte Industriestadt Deutschlands. Unter einem knalligen Superlativ tat es Berlin überhaupt nicht, das galt selbst für den Skandal; man denke nur an die Eulenburg-Affäre oder an den Hauptmann von Köpenick. Obdachlosigkeit, Verbrechen, Prostitution — das versteht sich ja von selbst. Die Leichenschauhäuser waren überfüllt, und die Seziersäle wurden überreich beliefert; das erfuhr der junge Benn schon recht bald.

Vor allem herrschte hier ein weltoffener Ton, eine ironisch-neugierige Mentalität, ein kühl-sarkastisches Urteil, ein schnoddriger Zungenschlag, und der Berliner Slang drang bis in die höchsten Kreise. Wer sich hier heimisch fühlte, dem schmeckte die Luft anderswo nicht mehr, der hielt es in anderen Städten gar nicht mehr aus. Diese Luft atmete der stud. med. G. Benn vom ersten Tage an, er atmete sie in vollen Zügen, wenn auch mit einem bedauerlich schmalen Geldbeutel.

Ich habe mein Studium mit Schulden beenden müssen und meinen Koffer nicht bezahlen können, mit dem ich zum Regiment abfuhr, ich habe sie später abgezahlt.

Blickt man also verblüfft auf diesen stürmischen Werdegang des jungen Benn, auf dieses so plötzlich einsetzende Selbstbewußtsein und den Griff ins geistige Pulverfaß der Zeit, dann gilt es, an Berlin zu denken, auf das ebenso formende wie verwirrende, beglückende wie beängstigende Berlin von damals. Er blieb von da an Berliner bis zum Tode, es gab seitdem überhaupt keine Alternative

Seepromenade in Mohrin (Neumark)

mehr für ihn. Der einzige und letzte Patriotismus, den er später überhaupt noch zeigte, hieß Berlin.

Es versteht sich, daß das geistige und avantgardistische Berlin, das er langsam kennenlernte und miterlebte, einen schroffen, gar nicht zu ermessenden Kontrast zur geschlossenen Welt des preußischen Offiziertums bildete, worin er lebte und dessen Forderungen er wenigstens äußerlich mit möglichst untadeligen Manieren zu entsprechen hatte. Früh übte er so das Leben in Gegensätzen, früh bildete sich zwangsläufig auch vorsichtige Verschlossenheit, Mißtrauen und zurückhaltende Distanz den Menschen gegenüber aus; sie entwickelten sich bei ihm zu festen Wesenszügen. Er arbeitete an den vielen Masken, täuschte über sich selbst, kurzum: er stilisierte allmählich seinen äußeren Menschen.

«Jahre des Werdens, Jahre der Wahne»

Forscht man nach den Ereignissen dieser sechs Jahre, dann bedeutet das freilich nicht, daß sie im geläufigen Sinn ereignishaft gewesen sein können. Sie waren es so wenig wie eigentlich das ganze, gerade auch dadurch merkwürdige Leben Benns — die Lebensläufe Rilkes oder Georges muten demgegenüber geradezu sensationell an. Diese frühen Jahre im besonderen waren ja auch entschieden ausgefüllt durch ein strenges, nur wenig Freizeit gewährendes Medizin-Studium. Er hatte es aus eigenem Entschluß gewählt und gegen alle Widerstände durchgesetzt, ja, erzwungen. Er hatte es nun mit sich selbst abzumachen, wenn ihn dieses Studium, besonders in den klinischen Semestern mit allem menschlichen Elend, Leiden, Krankheiten, mit Tod, nackten Leichen und Seziersaal konfrontierten. Daß diese grausamen Einblicke in die Hinfälligkeit des Menschen den jungen Benn weit tiefer aufgewühlt haben, als das gemeinhin der Fall ist, geht völlig unwiderleglich aus seiner ersten Lyrik hervor. Er hat später dazu berichtet:

Als ich die «Morgue» schrieb, mit der ich begann und die später in so viele Sprachen übersetzt wurde, war es abends, ich wohnte im Nordwesten von Berlin und hatte im Moabiter Krankenhaus einen Sektionskursus gehabt. Es war ein Zyklus von sechs Gedichten, die alle in der gleichen Stunde aufstiegen, sich heraufwarfen, da waren, vorher war nichts von ihnen da; als der Dämmerzustand endete, war ich leer, hungernd, taumelnd und stieg schwierig hervor aus dem großen Verfall. (Lebensweg eines Intellektualisten)

Jahre später, als ihm Else Lasker-Schüler ein Gedicht widmete, setzte sie als Motto darüber:

«Er steigt hinunter ins Gewölbe seines Krankenhauses und schneidet die Toten auf. Ein Nimmersatt, sich zu bereichern am Geheimnis. Er sagt: Tot ist tot.»

Dieser entscheidende Schock im Leben des jungen Benn läßt sich nicht mehr genau datieren, die *Morgue*-Gedichte sind also eine unbestimmte Zeit vor ihrer Veröffentlichung im Jahre 1912 entstanden. Fast genau einen Monat vor ihrem Erscheinen traf ihn ein anderer Schock: der Tod der Mutter.

Caroline Benn, erst 53 Jahre alt, war sicherlich schon seit einiger Zeit leidend; auch Heilbäder hat sie aufgesucht, wie aus einem viel später entstandenen Gedicht hervorgeht, das den Titel *Jena* trägt (in Jena starb 1921 Gottfried Benns erste Ehefrau), und im ganzen hierhergesetzt sei, weil es nicht nur sehr eindringlich die Gestalt der geliebten Mutter beschwört, sondern wichtige Hinweise auf die frühen Berliner Stimmungen des Dichters enthält:

«Jena vor uns im lieblichen Tale»
schrieb meine Mutter von einer Tour
auf einer Karte vom Ufer der Saale,
sie war im Kösen im Sommer zur Kur;
nun längst vergessen, erloschen die Ahne,
selbst ihre Handschrift, Graphologie,
Jahre des Werdens, Jahre der Wahne,
nur diese Worte vergesse ich nie.

Es war kein berühmtes Bild, keine Klasse,
für lieblich sah man wenig blühn,
schlechtes Papier, keine holzfreie Masse,
auch waren die Berge nicht rebengrün,
doch kam man vom Lande, von kleinen Hütten,
so waren die Täler wohl lieblich und schön,
man brauchte nicht Farbdruck, man brauchte nicht Bütten,
man glaubte, auch andere würden es sehn.

Es war wohl ein Wort von hoher Warte,
ein Ausruf hatte die Hand geführt,
sie bat den Kellner um eine Karte,
so hatte die Landschaft sie berührt,

1910: Gottfried Benn in Mohrin, wo er seine Eltern besuchte

und doch — wie oben — erlosch die Ahne
und das gilt allen und auch für den,
die — Jahre des Werdens, Jahre der Wahne —
heute die Stadt im Tale sehn.

Selbstverständlich eilte der junge Arzt sofort nach Mohrin (im Kreise Königsberg, Neumark, wo Pastor Benn seit 1906 amtierte), doch der Brustkrebs war viel zu spät diagnostiziert worden, zwei Operationen hatten jeweils nur kurzen Aufschub bedeutet. Die qualvoll Dahinsterbende blickte erwartungsvoll auf ihren Ältesten, den frischgebackenen Arzt, und der wußte natürlich, daß es hier nur noch Schmerzen zu lindern galt, also Morphium zu geben, wie es in Berlin sogar bei den ärmsten Spitalinsassen in solchen Fällen längst üblich geworden war. Aber er hatte nicht mit der kindlich-verstiegenen Religiosität seines Vaters, dem Pastor, gerechnet. Nein, sagte dieser, kein Linderungsmittel, wir hoffen zu Gott, vielleicht erhört er unsere Gebete. So mußte also der Sohn und Arzt hilflos zusehen, wie seine Mutter unter Qualen starb.

Am 9. April trat endlich der Tod ein, und niemand wird annehmen, daß der junge Dr. Benn nach der Beisetzung mit freundlicheren Gefühlen als vordem für seinen Vater schied. Damals empfand er nur noch Haß gegen ihn, und der wich erst in seinen letzten Lebensjahren.

Es war eine schlimme, düstere Lebensphase, denn auch die zornig-entrüsteten Angriffe auf das erste Gedichtbändchen waren nicht leicht zu schlucken. Selbst die kurze Liebesbeziehung zu der Dichterin Else Lasker-Schüler war eher melancholisch als glücklich:

Es war 1912, als ich sie kennenlernte. Es waren die Jahre des «Sturm» und der «Aktion», deren Erscheinen wir jeden Monat oder jede Woche mit Ungeduld erwarteten ... Else Lasker-Schüler war ein knappes Jahrzehnt älter als wir, 1902 war ihr erster Gedichtband «Styx» bei Axel Juncker erschienen ... Frau Else Lasker-Schüler wohnte damals in Halensee in einem möblierten Zimmer, und seitdem, bis zu ihrem Tode, hat sie nie mehr eine eigene Wohnung gehabt, immer nur enge Kammern, vollgestopft mit Spielzeug, Puppen, Tieren, lauter Krimskrams. Sie war klein, damals knabenhaft schlank, hatte pechschwarze Haare, kurz geschnitten, was zu der Zeit noch selten war, große rabenschwarze bewegliche Augen mit einem ausweichenden unerklärlichen Blick. Man konnte weder damals noch später mit ihr über die Straße gehen, ohne daß alle Welt stillstand und ihr nachsah: extravagante weite Röcke oder Hosen, unmögliche Obergewänder, Hals und Arme behängt mit auffallendem billigem Schmuck, Ketten, Ohrringen, Talmiringe an den Fingern, und da sie sich unaufhörlich die Haarsträhnen aus der Stirn strich, waren diese, man muß schon sagen: Dienstmädchenringe immer in aller Blickpunkt. Sie aß nie regelmäßig, sie aß sehr wenig, oft lebte sie wochenlang von Nüssen und Obst. Sie schlief oft auf Bänken, und sie war immer arm in allen Lebenslagen und zu

Else Lasker-Schüler (1918)

allen Zeiten. Das war der Prinz von Theben, Jussuf, Tino von Bagdad, der schwarze Schwan ... Es war auffallend, daß ihre Glaubensgenossen nicht das in ihr sahen oder sehen wollten, was sie ihrem Rang nach war. Der Grund hierfür liegt in dem innersten Wesen der Lasker-Schülerschen Dichtung. Diese hatte einen exhibitionistischen Zug, daran ist kein Zweifel, sie exponierte ihre schrankenlose Leidenschaftlichkeit, bürgerlich gesehen, ohne Moral und ohne Scham. Anders ausgedrückt, sie nahm sich die großartige und rücksichtslose Freiheit, über sich allein zu verfügen, ohne die es ja Kunst nicht gibt ... 1913 erschien von mir ein kleines Gedichtheft, das ich Else Lasker-Schüler widmete, die Widmung lautete: «E. L. S. — ziellose Hand aus Spiel und Blut.» In den gesammelten Gedichten, die sie 1917 bei Kurt Wolff herausgab, ist ein Zyklus enthalten, der Dr. Benn heißt. Sie nannte mich Giselheer oder den Nibelungen oder den Barbar. Ein Gedicht darin gehört zu den schönsten und leidenschaftlichsten die sie je geschrieben hat. Sie schrieb darüber «Letztes Lied an Giselheer», und der Titel des Gedichts ist: Höre.

Ich raube in den Nächten
Die Rosen deines Mundes,
Daß keine Weibin Trinken findet.

Die dich umarmt,
Stiehlt mir von meinen Schauern,
Die ich um deine Glieder malte.

Ich bin dein Wegrand.
Die dich streift,
Stürzt ab.

Fühlst du mein Lebtum
Überall
Wie ferner Saum?

Dieses Lebtum als fernen Saum habe ich immer gefühlt, alle Jahre, bei aller Verschiedenheit der Lebenswege und Lebensirrungen. (Rede auf Else Lasker-Schüler)

Else Lasker-Schüler war schon seit einigen Jahren von dem großen Apologeten der modernen Kunst und Gründer der «Sturm»-Bewegung, Herwarth Walden, geschieden. Doch sie war es, die den dann so weltbekannten Namen «Der Sturm» prägte. Gottfried Benn hat damals auch hin und wieder Gedichte in Waldens Zeitschrift «Der Sturm» veröffentlicht.

Die *Morgue*-Gedichte hatte der junge Arzt schon einige Zeit vor ihrem Erscheinen gelegentlich in dem Kellerkabarett «Schall und Rauch» vorgetragen. Es wird berichtet, daß er dabei sogar Applaus hatte, der wohl nicht zuletzt dem paradoxen Gegensatz zwischen dem schüchtern wirkenden, leise sprechenden Vortragenden und den *nach Schwefel und Absinth* schmeckenden Gedichten zuzuschreiben ist. Vierzig Jahre später interpretierte Gottfried Benn diese frühe, früheste Lyrik anläßlich ihres Neuerscheinens folgendermaßen:

Ich gestehe, um die Korrekturen des vorliegenden Bandes lesen zu können, bedurfte es zahlreicher Apéritifs und Cocktails für Gemüt und Magen, dann allerdings erschien mir das Ganze als Wurf und Wahnsinn gut. Ich dachte zurück. Es muß eine schwere Krankheit gewesen sein, jetzt ist sie ausgeheilt. Ist sie ausgeheilt? Enzephalitische Prozesse, halb lyrische Epilepsie, halb moralische Lethargien — und heute?

Herwarth Walden (1928)

Es waren die Jahrzehnte, in denen der Gegensatz von Trieb und Seele, Konstitution und Erkenntnis, Geist und Leben nicht nur Klages, sondern uns alle bedrängte, die Jahrzehnte nach Nietzsche und Freud — merkwürdig entfernt heute alles und fast nur noch eine Erinnerung, eine Erinnerung an Quälendes, an Fesseln und an einen Druck. Vielleicht waren es auch nur die allgemeinen Fesseln der Jugend, heute hat man andere Fesseln, die des Alters, nämlich wie man mit sich fertig wurde und was das eigentlich bedeutet.

Im allgemeinen weiß ich nicht, was ich schreibe, was ich vorhabe und wie etwas in mir entsteht, damals wie heute, ich weiß nur, wann das Einzelne fertig ist. Aber das Ganze ist niemals fertig. «Die Krone der Schöpfung, das Schwein, der Mensch», schreibt mein Freund Oelze abratend und bedenklich, sei ein entscheidender Vers in diesem Buch. Er ist nicht nur entscheidend, er ist infernalisch, er ist ungoethisch, er schmeckt nach Schwefel und Absinth, aber ich griff ihn während meines Lebens in meinen Arbeiten immer wieder auf. In einer meiner spätesten Veröffentlichungen lehrt eine Stimme als letzte Maxime und Ausflucht: «Im Dunkel leben, im Dunkel tun, was wir können» — es ist eine ernste Stimme, dies ist ihre Bergpredigt. Sie will sagen, laßt doch euer ewiges ideologisches Geschwätz, euer Gebarme um etwas «Höheres», der Mensch ist kein höheres Wesen, wir sind nicht das Geschlecht, das aus dem Dunkel in das Helle strebt — wohin wir streben, weiß ich offen gesagt nicht, aber was wir erreichten, war das Überhebliche, das Hybride, auch das Dumme — also ein gewisser Abbau dieser unserer Arroganz schien am Platze, ein kurzer Aufenthalt im Dunkel, auch im Gemeinen, schien dieser Stimme moralisch angebracht —: dieser Art war es, was mir immer wieder die Schwalbe sang (sie sang allerdings auch noch anderes). (Frühe Lyrik und Dramen. Vorbemerkung)

Wie mir Gottfried Benn berichtete, geriet er schon als Zwanzigjähriger an Nietzsche, zuerst an den «Zarathustra». Aber es läßt sich in der frühen Lyrik noch nichts finden, was auf eine Beeinflussung durch Nietzsche schließen ließe. Auf andere Einflüsse hat bereits Dieter Wellershoff («Gottfried Benn. Phänotyp dieser Stunde», Verlag Kiepenheuer & Witsch, 1958) aufmerksam gemacht. Das durchschimmernde Ophelia-Motiv im ersten Gedicht aus *Morgue* mit dem Titel *Schöne Jugend* zum Beispiel läßt sich fast zwingend auf das Gedicht «Ophelia» des 1912 beim Schlittschuhlaufen auf dem Wannsee im Alter von nur 24 Jahren ertrunkenen Georg Heym zurückführen (und dieser wieder war angeregt durch Rimbauds «Ophélie», das er aus Übersetzungen kannte). Es müßte sonderbar zugegangen sein, wenn der junge Gottfried Benn nur dieses eine «moderne» Gedicht gekannt hätte und nicht vielmehr bereits das meiste der lyrischen Affronts dieser Jahre. Es gab Zeitschriften und andere Veröffentlichungen genug. Der junge Benn witterte diese Revolte, er schwang so bereit ein in den ersehnten Ton der Provokation, als hätte er ihm schon lange auf der Zunge gelegen. Für die damals schon recht ansehnliche politische Opposition gegen den Wilhelminismus hat er sich eingestandenermaßen wenig interessiert; hier hatte er sich, da ihm vermeintlich eine lange Offizierszeit bevorstand, sicherlich auch besondere Zurückhaltung auferlegen müssen. All das jedoch, was man die bürgerliche Weltanschauung jener Zeit nennen kann, die deutsche natürlich vor allen Dingen, jenes unduldsame Angebertum, das sich bei jeder Äußerung durch sein falsches Pathos verriet und seine kulturellen Machtpositionen mit idealistischen Fassaden tarnte, das durchschaute er schon früh mit einer Hellsichtigkeit, daß seine Blindheit im Jahre 1933 doppelt unbegreiflich wirken würde, wenn man sich an die reine Oberfläche hielte.

Der Ton, die Stimmung, der höhnische Protest — das lag also damals schon in der Luft. Und selbstverständlich liefert all diese Vorgängerschaft, dieser ganze motivische Chor nicht die geringste Erklärung für *Morgue,* für diesen Geysir von Daseinsekel und Zivilisationshaß. Gedichte als solche lassen sich nicht begründen, auch die genaueste und ausführlichste Biographie liefert kein Material, das streng kausal zur Kunst führte. Was diese frühen Gedichte zur Folge hatten, was sie zunächst auslösten, das läßt sich hingegen feststellen. Sie brachten ein Honorar von vierzig Mark ein und einen Entrüstungssturm. Der Verleger, Alfred Richard Meyer (der unter seinem Pseudonym «Munkepunke» viel bekannter wurde) berichtet: «Wohl nie in Deutschland hat die Presse in so expressiver, explodierender Weise auf Lyrik reagiert wie damals bei Benn.» Das kann auch nicht eigentlich verwundern, bekennt doch selbst der alte Benn, daß es ihn einige Anstrengung gekostet habe, sich wieder mit seiner frühen Lyrik zu befassen. Sie wirkte damals beim Erscheinen jedenfalls als die weitaus ruchloseste, zynischste und böseste Herausforderung des geltenden Geschmacks, «widerwärtig und ekelerregend». Alle Stimmen, die sich so oder ähnlich vernehmen ließen, hatten vom bürgerlichen Standpunkt völlig recht. Das hatte zweifellos auch in der Absicht des Autors gelegen — so weit er überhaupt so etwas wie Absichten verfolgte. Und eine einzige Absicht hatte er ganz gewiß nicht verfolgt, nämlich die, zu gefallen.

Die Ästhetik des Häßlichen hatte in der deutschen Literatur bis dahin kaum Eingang gefunden. Der deskriptive Naturalismus zählt eigentlich nicht dazu, war in Deutschland auch nur schüchtern und (vom Frühwerk Gerhart Hauptmanns abgesehen) wenig originell vertreten. In der deutschen Lyrik ist sie bis Benn überhaupt nicht nachzuweisen. Baudelaire in Frankreich hatte sie bereits exemplarisch eingesetzt, aber der weitaus beste aller Baudelaire-Übersetzer und große deutsche Dichter, Stefan George, erklärt bezeichnenderweise im Vorwort zu seiner berühmten Übersetzung der «Blumen des Bösen»: « . . . Es bedarf heute wol kaum noch eines hinweises dass nicht die abschreckenden und widrigen bilder die den meister eine zeit lang verlockten ihm die grosse verehrung des ganzen jüngeren geschlechtes eingetragen haben . . .» Nun, hier in der Lyrik des jungen Benn erschienen sie zum erstenmal von einem deutschen Dichter, diese «abschreckenden und widrigen Bilder», wenn auch Gedichte eines von Baudelaire wesensverschiedenen Geistes, doch es fiel (mit wenigen Ausnahmen, wie z. B. Ernst Stadler) niemand ein, sie als paradoxe Ästhetika zu betrachten, sondern sie empörten rein inhaltlich, stofflich. Das war eben unerträglich, das war *infernalisch.*

Die Krone der Schöpfung, das Schwein, der Mensch —:
geht doch mit anderen Tieren um!
mit siebzehn Jahren Filzläuse,
zwischen üblen Schnauzen hin und her,
Darmkrankheiten und Alimente,
Weiber und Infusorien,
mit vierzig fängt die Blase an zu laufen —:
meint ihr, um solch Geknolle wuchs die Erde
von Sonne bis zum Mond —? Was kläfft ihr denn?
Ihr sprecht von Seele — Was ist eure Seele?
Verkackt die Greisin Nacht für Nacht ihr Bett —

schmiert sich der Greis die mürben Schenkel zu,
und ihr reicht Fraß, es in den Darm zu lümmeln,
meint ihr, die Sterne samten ab vor Glück ...?
Äh — Aus erkaltendem Gedärm
spie Erde wie aus anderen Löchern Feuer,
eine Schnauze Blut empor —:
das torkelt
den Abwärtsbogen
selbstgefällig in den Schatten.

Das klang freilich furchtbar und klingt heute noch so, wenn man auch die düstere Schönheit des Klangs und Hinterklangs mitzuhören gelernt hat. Auch ist es heute leichter als damals, zu erkennen, daß hinter einem Stück wie der großartigen Ballade *Saal der kreißenden Frauen* keine sozialanklägerische Elendsschilderung waltet:

Die ärmsten Frauen von Berlin
— dreizehn Kinder in anderthalb Zimmern,
Huren, Gefangene, Ausgestoßene —
krümmen hier ihren Leib und wimmern.
Es wird nirgends so viel geschrien.
Es wird nirgends Schmerzen und Leid
so ganz und gar nicht wie hier beachtet,
weil hier eben immer was schreit.

«Pressen Sie, Frau! Verstehen Sie, ja?
Sie sind nicht zum Vergnügen da.
Ziehen Sie die Sache nicht in die Länge.
Kommt auch Kot bei dem Gedränge!
Sie sind nicht da, um auszuruhn.
Es kommt nicht von selbst. Sie müssen was tun!»
Schließlich kommt es: bläulich und klein.
Urin und Stuhlgang salben es ein.

Aus elf Betten mit Tränen und Blut
grüßt es ein Wimmern als Salut.
Nur aus zwei Augen bricht ein Chor
von Jubilaten zum Himmel empor.

Durch dieses kleine fleischerne Stück
wird alles gehen: Jammer und Glück.
Und stirbt es dereinst in Röcheln und Qual,
liegen zwölf andere in diesem Saal.

Diese frühen Gedichte wurden gewissermaßen auch für ihren Autor schicksalhaft. Obgleich seine weitere Entwicklung unermeßlich darüber hinausführte, seine spätere Kunst sie weit überstieg, blieben gerade sie mit seinem Namen am sinnfälligsten und vor allem

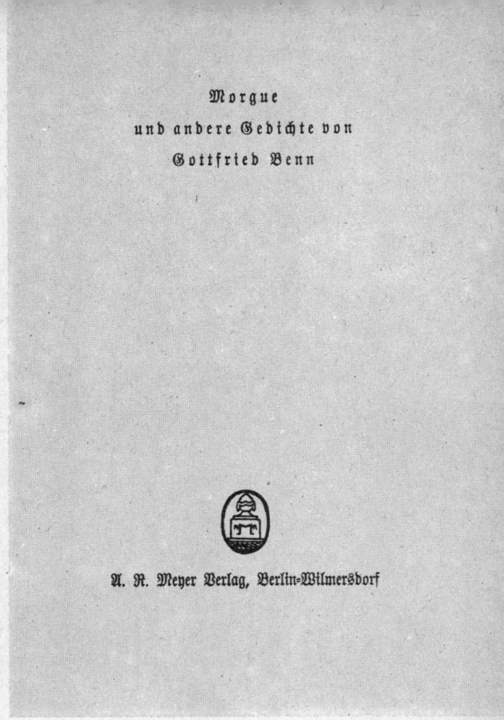
Morgue

und andere Gedichte von

Gottfried Benn

A. R. Meyer Verlag, Berlin-Wilmersdorf

im Gedächtnis der beharrlich übelnehmenden Öffentlichkeit am beharrlichsten verbunden. Der übelnehmerischen jedenfalls in Deutschland. Schon die Militärzensur im Ersten Weltkrieg schlug zu und verbot das Büchlein, das freilich längst vergriffen war. Und als die wildgewordnen Spießer von 1933 an den Ton angeben durften, brachten sie Benn fast ausschließlich mit Berufung auf das Frühwerk zur Strecke und für länger als ein Jahrzehnt zum Schweigen. Im Alter, als er längst ein berühmter Mann und jedenfalls der größte lebende Dichter Deutschlands war, wunderte er sich bisweilen und ärgerte sich sogar ein wenig:

Als ich nach 1945 wieder besprochen wurde, schrieb die «Weltwoche» in Zürich, die «Statischen Gedichte» (1947) seien schwach gegenüber den früheren von 1912 bis 1920. Der Kritiker fügte hinzu, was spricht man eigentlich so viel von Sartres Lebensekel — dreißig Jahre nach Benn? Also ein historischer Hinweis. Übrigens sind von diesen frühen Gedichten bei ihrem Erscheinen einige in verschiedene europäische Sprachen übersetzt, zum Beispiel ins Polnische, Rumänische, Russische und neuerdings einige ins Französische (Les Cahiers de la Pleïade, Hiver 1950/51, Heft XI). Eines ist in eine moderne italienische Anthologie übergegangen (Verlag Sansoni, Florenz, 1950). Und in der jetzt im Herbst 1952 erschienenen internationalen Anthologie «Un demi — Siècle de Poésie» (herausgegeben von der Biennale Internationale de Poésie, Knokke, Belgien), in der Gedichte von fünfzig Autoren aus allen fünf Erdteilen vereint sind, finden sich von mir auch nur Gedichte aus dieser frühen Periode. (Frühe Lyrik und Dramen. Vorbemerkung)

Da Benn es — 1934, also auch zur Verteidigung — selber hervorhob, diese Gedichte seien im ersten (und im Kaiserreich zugleich einzigen) Jahr seiner aktiven Offizierszeit erschienen, könnte der Eindruck entstehen, es habe in der alten Armee ein großzügiges Laissez-faire in dieser Hinsicht geherrscht. Weit mehr trifft jedoch zu, daß man sich im aktiven Offizierkorps überhaupt nicht um moderne Lyrik kümmerte. Auch seine aktiv gebliebenen Studienkameraden, mit deren Hilfe er sich 1935 wieder reaktivieren lassen und vor seinen politischen Bedrohern retten konnte, nahmen erst in dieser späteren Lebensperiode und auch nur sozusagen «dienstlich» vom dichterischen Werk des Arztes Kenntnis: weil sie nämlich zu diesem Zeitpunkt ihre liebe Not hatten, den Sanitätsoffizier gegen seine braunen Verfolger zu schützen und im Heer zu halten.

Besonders froh kann er über die so plötzlich festgestellte gesundheitliche Dienstunfähigkeit und die Entlassung aus dem Heer nicht gewesen sein. Jetzt lernte er zum erstenmal Existenzsorgen kennen. Er hatte kein Geld zur Eröffnung einer selbständigen Praxis, er hatte auch noch keine Spezialistenausbildung. Zunächst nahm er seine Zuflucht zu allerhand Assistentenstellungen. Auch mit der Psychiatrie versucht er es, sein Interesse gerade für dieses Fach ist überaus einleuchtend. Wie er darin scheitert, hat er einige Jahre später ausführlich berichtet. Hier ist die Schilderung; sie ist an dieser Stelle weniger ein Vorgriff als eine Vorbereitung, die das Kommende leichter verständlich macht:

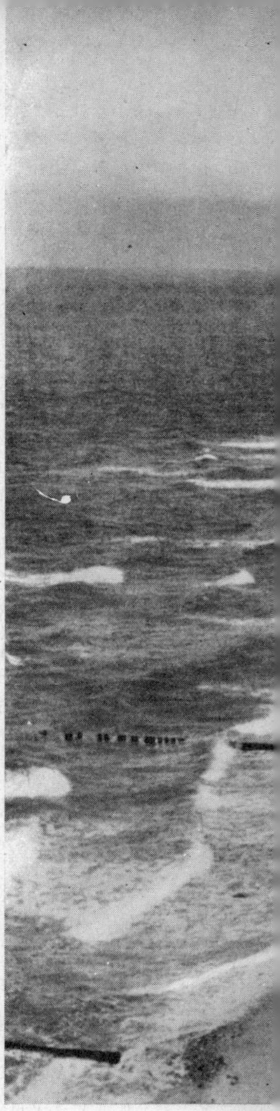

... ich muß bei dieser Gelegenheit anführen, daß ich nicht immer mein jetziges Gewerbe, die Hautleiden, betrieb. Ich war ursprünglich Psychiater gewesen, bis sich das merkwürdige Phänomen einstellte, das immer kritischer wurde und darauf hinauslief, daß ich mich nicht mehr für den Einzelfall interessieren konnte.

Es war mir körperlich nicht mehr möglich, meine Aufmerksamkeit, mein Interesse auf einen neu eingelieferten Fall zu sammeln oder die alten Kranken fortlaufend individualisierend zu beobachten. Die Fragen nach der Vorgeschichte ihres Leidens, die Feststellungen über die Herkunft und Lebensweise, die Prüfungen, die sich auf des einzelnen Intelligenz und moralisches Quivive bezogen, schufen mir Qualen, die nicht beschreiblich sind. Mein Mund trocknete aus, meine Lider entzündeten sich, ich wäre zu Gewaltakten geschritten, wenn mich nicht vorher schon mein Chef zu sich gerufen, über voll-

Die Ostseeküste bei Hiddensee

kommen unzureichende Führung der Krankengeschichten zur Rede gestellt und entlassen hätte.

Ich versuchte mir darüber klar zu werden, woran ich litt. Von psychiatrischen Lehrbüchern aus, in denen ich suchte, kam ich zu modernen psychologischen Arbeiten, zum Teil sehr merkwürdigen, namentlich der französischen Schule; ich vertiefte mich in die Schilde-

rungen des Zustandes, der als Depersonalisation oder als Entfremdung der Wahrnehmungswelt bezeichnet wird, ich begann, das Ich zu erkennen als ein Gebilde, das mit einer Gewalt, gegen die die Schwerkraft der Hauch einer Schneeflocke war, zu einem Zustand strebte, in dem nichts mehr von dem, was die moderne Kultur als Geistesgabe bezeichnet, eine Rolle spielte, sondern in dem alles, was die Zivilisation unter Führung der Schulmedizin anrüchig gemacht hatte als Nervenschwäche, Ermüdbarkeit, Psychasthenie, die tiefe, schrankenlose, mythenalte Fremdheit zugab zwischen dem Menschen und der Welt. (*Epilog und Lyrisches Ich*)

An diesen Ausführungen ist nicht zuletzt merkwürdig, daß Benn hier nachträglich und mit Berufung auf wissenschaftliche Lektüre einen Kausalnexus zwischen vorangegangenem eigenen Erleben und dem drei Jahre später (1916) verfaßten *Rönne*-Prosazyklus nachzuweisen versuchte. Diese Selbstschilderung ist sehr wichtig, weil sie wenigstens einen wichtigen Zugang zur Psyche Benns weist, auch zu gewissen allgemeinen Lebensschwierigkeiten:

Unterhaltlich bin ich kein Matador, ging nie auf Fêten, nicht aus Ablehnung, sondern aus einem physiologischen Grunde, der mein ganzes Leben so beherrschte, daß ich ihn erwähne: eine Müdigkeit von hohen Graden, eine gehirnliche Schwere innerer und äußerer Art, die ich geradezu als Widerstand gegen Eindrücke bezeichnen muß — ich versuchte es mit allen Mitteln zu bekämpfen, aber meistens vergeblich.

Dieser Zug, oder dieser Defekt, wird wohl von allen Menschen bestätigt werden, die Gelegenheit hatten, Benn etwas mehr als oberflächlich kennenzulernen. Dieser Zug gehört wesentlich zu seinem Persönlichkeitsbild, er ist kennzeichnend für sein ganzes Leben, es ist also gerechtfertigt, schon jetzt und mit Nachdruck darauf hinzuweisen.

Wieder verliebt er sich in eine Frau, die älter ist als er. Edith Osterloh war acht Jahre älter, schlank, brünett, eine sehr gepflegte, elegante Erscheinung. Der junge Arzt lernte sie auf Hiddensee kennen, der schönen Ostseeinsel, schon damals ein bekanntes Sommerbad, mit Vorzug aufgesucht von Künstlern und Schauspielern; Gerhart Hauptmann ließ sich später sogar ein Haus dort bauen. Aber Gottfried Benn lernte nicht Hauptmann kennen, versuchte es auch gar nicht (er machte sich nie viel aus ihm), er zog überhaupt sein Leben lang hübsche Frauen jedem Umgang mit männlichen Berühmtheiten vor. Er lernte also Edith Osterloh, seit kurzem Witwe und Mutter eines kleinen Knaben, kennen, es wurde eine herzliche Bekanntschaft und recht bald mehr als eine Bekanntschaft. Man sah sich in Berlin und in München, wo die 35jährige Witwe mit ihrem kleinen Sohn damals lebte. Man schrieb sich natürlich auch, aber von der damaligen wie von der späteren Korrespondenz mit ihr hat sich nichts erhalten. Nach München jedenfalls erhielt sie auch die Briefe, die ihr der frischgebackene HAPAG-Schiffsarzt 1914 von der Amerikatour schickte. Er hatte die Auswanderer im Zwischendeck zu impfen und sich um die Migränen in der Ersten Klasse zu bekümmern. Die Seekrankheit plagte ihn schwer und verleidete ihm die ganze Reise. Dann die Ankunft im Hafen von New York...

Ein totenstiller Sonntag, wir lagen in Hoboken. Es war so heiß, als ob ein Feuer über Deck fegte. Es fehlte uns an Money, um es den Astors gleichzutun und die City zu genießen. Wir lagen in den Korbstühlen, die endlich einmal für uns da waren, die widerlichen Passagiere waren ausgeschifft und tummelten sich wohl schon in ihren Kreisen. Eine unbekannte Stadt, ein Land, dessen Gebräuche mir fremd waren, im Grunde waren es nur tiefgestaffelte Mauern, die man sah, mit Flecken drauf — wohl die Fenster. Also dieser Sonntag voller Öde, unser fremder Steamer auf dem Hudson, keine Dollars, um Anschluß zu bekommen, menschliche Wärme, Sinnlichkeit — nur diese Korbstühle, Besitzer unbekannt, Aktiengesellschaft...

Diese so präzis beschriebene Erinnerung steht im *Roman des Phänotyps*, abgefaßt also erst im Jahre 1944, dreißig Jahre nachher. Sie hat sich so deutlich bewahrt wie eine Momentfotografie, und es bleibt nur noch zu ergänzen, daß der Schiffsarzt Dr. Benn doch noch an Land gehen und die ungeheure Stadt New York besichtigen konnte. Sogar für einen Besuch in der bestimmt nicht billigen Metropolitan Opera hat der Vorschuß gelangt, und hier hörte er den größten und berühmtesten Tenor aller Zeiten, hörte die arielhafte Stimme Enrico Carusos.

Das also waren etwa die Erlebnisse, von denen wohl in den Briefen etwas stand, die verlorengegangen sind — übrigens hat sich nicht nur der junge, sondern auch der spätere und selbst der alte Benn erstaunlich wenig, eigentlich gar nicht um die Erhaltung seiner Korrespondenz gekümmert. Eine Sorgfalt, wie man sie beispielsweise bei André Gide oder bei Rainer Maria Rilke findet, lag ihm völlig fern. Auch schrieb er lieber kurze, als lange Briefe, schickte auch unbedenklich Postkarten und Ansichtskarten, verwandte selbst Formulare von seinem Rezeptblock. War er jedoch gerade in Stimmung, dann gelangen ihm gerade dank dieser Unbefangenheit und dem Fehlen jeder Pose wunderbar frische, wie direkt zum Empfänger geplauderte Briefe.

Die Lyrik war Ende 1913 wieder ins Stocken geraten. Dem ersten, 1912 bei Alfred Richard Meyer in Berlin-Wilmersdorf erschienenen «Flugblatt» mit den *Morgue*-Gedichten folgt im gleichen Verlag ein Jahr später ein weiterer Zyklus unter dem Sammeltitel *Söhne*. Er trägt die Widmung an Else Lasker-Schüler. Die Zeichnung auf dem Titelblatt stammt von Ludwig Meidner, einem der bedeutendsten Graphiker des Expressionismus, der in einem Brief an Kurt Schumann zu Benn berichtet: «Grundsätzliches äußerte er nie, er machte bei einer Begegnung damals immer einen sowohl schüchternen als auch stolzen Eindruck. Im ‹Neopathetischen Cabaret› Kurt Hillers, das einmal wöchentlich im Nollendorf-Casino tagte und wo sich Georg Heym, van Hoddis, Ernst Blass, Alfred Wolffenstein u. a. trafen, erschien Benn niemals. Benn lebte für sich allein und besuchte höchstens Franz Pfemfert gelegentlich in der Redaktion der ‹Aktion›.» Einzelne Gedichte Benns erschienen auch in verschiedenen kleinen Zeitschriften, so in der «Aktion» Pfemferts, in Herwarth Waldens Zeitschrift «Der Sturm», im «Pan», «Die neue Kunst», «Maiandros» u. a. — alle längst eingegangen, verschwunden, verschollen, manche haben es überhaupt nur auf ein paar Nummern gebracht. Auch mit dem Herausgeber von «Das Neue Pathos» Paul Zech, wurde er damals immerhin gut bekannt (nur sehr selten gab er später zu, mit dem oder jenem sogar «befreundet» gewesen zu sein und fast nie hat er sich mit befreundeten Männern geduzt). Es haben sich sogar noch einige Briefe an Paul Zech angefunden. Einer, vom Herbst des Jahres 1913, ist für den damaligen Literaturbetrieb sehr aufschlußreich:

Lieber Herr Zech! Vielen Dank für das neue Heft. Die Blass'schen Sachen finde ich einfach kindisch. Richtigen Schund. Aber Sie haben wahrscheinlich gewiß Rücksichten nehmen müssen, da er ja einer mächtigen literarischen Partei angehört. Aber im Interesse Ihrer schönen Zeitschrift bedauere ich es sehr. Die Lasker-Schülerschen Gedichte sind wunderschön. Ihre erste Nacht gefällt mir auch sehr (Mensch, was sind Sie produktiv!). Über Lautensack habe ich meine eigenen Gedanken. Maiandros rüstet also schon ab. Ich kann mir ja auch nicht denken, daß sie einen einzigen zahlenden Abonnenten gehabt haben. Von mir erscheint ja demnächst bei Meyer ein neues Heft. Gegen den Verlag läßt sich ja nichts sagen. Wo soll man auch hin? Und schließlich: Kunst ist eine Sache von 50 Leuten, davon noch 30 nicht normal sind. Was große Verlage verlegen, ist keine Kunst, sondern Arbeit von Leuten, die ihrer Mittelmäßigkeit schriftstellerisch gerecht werden. Nietzsche hat zeit seines Lebens seine Rechnungen nicht bezahlen können, van Gogh lebte von 28 Tassen Kaffee den Tag und Heinrich Mann ist arm, so viel ich weiß. Kunst ist Irrsinn und gefährdet die Rasse. Was Allgemeingut ist, wird damit gerichtet. Was haben Sie eigentlich über Rilke geschrieben? Das läse ich sehr gerne mal. Wo ist es erschienen? Zum nächsten Heft will ich was fertigmachen. Herzlichst Ihr Benn.

Etappe Brüssel

Aus einem kurzen Brief vom März 1914 an Zech erfahren wir, daß seine Einwände gegen «Das Neue Pathos» noch gestiegen sind. Aber: *Trotzdem sende ich Ihnen einen herzlichen Gruß und verabschiede mich von Ihnen, da ich bald auf eine größere Auslandsreise gehe.* Im Juni ist er von der Reise als Schiffsarzt nach Amerika zurück, scheidet aus der HAPAG und heuert auf einem Frachtensegler an, der bald auf die Fahrt nach Wladiwostok gehen soll. Im letzten Moment sagt er jedoch ab; er erfährt später, daß dieser Segler untergegangen ist. Die Schüsse von Sarajewo hallen durch Europa. Im Juli ist Benn in München, bei der Freundin aus Hiddensee. Am 1. August,

Mobilmachung 1914: Kriegsfreiwillige

dem ersten Mobilmachungstag, steht er mit ihr vor dem Münchner Standesbeamten. Kriegstrauung. Zwei Dienstmänner, gegen Trinkgeld von der Straße geholt, sind die Zeugen. Und dann zieht der erst vor zwei Jahren aus dem aktiven Dienst Entlassene wieder die Uniform mit den Äskulap-Stäben an. Ein «Schicksalsrausch» packt ganz Deutschland, auch zwei Männer, die in jenen Tagen im gleichen München lebten: Rainer Maria Rilke und Thomas Mann. Von dem ersten stammt jenes Wort am Ende des Krieges, das Benn so oft zitierte: «Wer spricht von Siegen — Überstehn ist alles!» Von dem anderen das erwähnte Wort «Schicksalsrausch» — auch darauf gilt es sehr viel später noch zurückzukommen.

Militärarzt Gottfried Benn, 1916 in Brüssel

Gottfried Benn wird nach Belgien beordert, war bis fast zum Ende des Jahres im Zuge der Besetzung des Landes in verschiedenen Verwendungen, auch in Feldlazaretten tätig. Anfang Oktober ist er bei den Truppen General v. Beselers, die Antwerpen belagern. Als am 8. Oktober über die zerstörten Forts von allen Seiten zum Sturm angesetzt wird, läßt sich der junge Oberarzt von der allgemeinen Begeisterung mitreißen und kämpft bei der Erstürmung in vorderster Linie. Dafür erhält er als einer der ersten Sanitätsoffiziere des Heeres das EK. Bald darauf wird er zur Gouvernementsverwaltung kommandiert und bleibt, von kurzen Dienstreisen im Etappengebiet abgesehen, drei Jahre in Brüssel. Es wurden für den Dichter Benn entscheidende Jahre: er selbst hat das oft bezeugt, schriftlich und mündlich und auf eine Weise, daß man annehmen muß, es sei, wenigstens streckenweise, auch eine glückliche Zeit gewesen – glücklich im Sinne von Ungestörtsein und in Übereinstimmung mit sich selbst.

Der große, schöpferische Aufschwung stellt sich allerdings erst im Frühjahr 1916 ein. In die Zeit vorher fällt noch seine Kommandierung zur standrechtlichen Erschießung der englischen Spionin Edith Cavell im Herbst 1915. Dreizehn Jahre später veröffentlichte Benn im Berliner «8 Uhr-Abendblatt» eine genaue Darstellung des Ereignisses, eine geradezu minuziöse Schilderung aller dazugehörigen Begebenheiten. Der Anlaß dazu war, daß in diesem Jahre, 1928, in England und dann in vielen anderen Ländern ein recht tendenziöser Film zur Verherrlichung Miss Cavells aufgeführt wurde...

Kein Zweifel, sie wird als legendäre Gestalt durch die Geschichte der Siegerstaaten ziehen. Ihre Legende wird sich bilden unabhängig von den historischen, den materiell effektiven Tatsachen des Vorgangs, in dem sie eine Rolle spielte, und es liegt mir daher von vornherein nichts ferner als die Annahme, ich könnte irgend etwas richtig stellen, aufklären oder die Sage ihres Landes korrigieren, ich werde nur erzählen, wessen ich mich erinnere. Und ich erinnere mich ihrer, um es gleich zu sagen, als einer Handelnden, die für ihre Taten büßte, als der kühnen Tochter eines großen Volkes, das sich mit uns im Krieg befand.

Ich war Oberarzt am Gouvernement Brüssel seit den ersten Tagen der Besetzung. Eines Abends im Spätherbst 1915 erhalte ich den Befehl, am nächsten Morgen an einer bestimmten Stelle auf ein Auto zu warten und an einen unbenannten Ort zu fahren. In das Auto steigen außer mir zwei Kriegsgerichtsräte, einer dienstlich, der andere aus Interesse. Wir fahren durch die dunklen Straßen zum Tir national, dem Scheibenstand der Brüsseler Garnison an die Peripherie der Stadt. Das Auto hält. Das Terrain senkt sich. Wir steigen eine Mulde hinunter, in der Soldaten Spalier stehen. Am Ende der Mulde stehen zwei Gruppen von je zwölf Mann in zwei Gliedern, gerichtet auf die abschließende Wand, den Kugelfang, grasbewachsen. Vor ihm stehen zwei frische Pfähle, weiße Latten, in die Erde gerammt.

Wir stehen und warten. Nun fährt ein Auto heran. Ihm entsteigt ein Belgier, Zivilist, mit einem katholischen Pfarrer. Der Belgier ist etwa vierzig Jahre, Ingenieur, verheiratet, Vater von zwei Kindern, gedrungen gebaut, lebhafte Bewegungen, ungefesselt. Schiebermütze auf dem Kopf — Komplice von Edith Cavell. Mit einer Lebhaftigkeit ohnegleichen, mit einer fast gelösten Leichtigkeit schreitet er den Hang hinunter, wo die Soldaten stehen, zieht die Mütze, stellt sich mit einer unnachahmlich chevaleresken Bewegung vor die Gruppe, die ihn erschießen wird, sagt die Worte: «Bon jour, Messieurs, devant la mort nous sommes tous des camarades» — wird vom diensthabenden Kriegsgerichtsrat unterbrochen, der wahrscheinlich eine aufreizende Rede fürchtet. Von nun an bleibt der Delinquent stehen, ruhig, todesgewiß, in der Haltung vollkommen.

Nun kommt das zweite Auto. Miss Cavell steigt aus, neben ihr ein evangelischer Pfarrer, ein bekannter Berliner Geistlicher, der ihr die letzte Nacht zur Seite gestanden hat. Edith Cavell ist vielleicht zweiundvierzig Jahre alt, hat graues bis weißes Haar, keinen Hut auf, blaues Schneiderkleid an, dürres, maskenhaftes Gesicht, steifer stotternder Gang, schwere muskulare Hemmungen, aber ohne Zaudern, ohne Stocken geht sie abwärts, wo die Pfähle stehen. Ein Augenblick Halt, sie und der Pfarrer; einige Meter ab von der weißen Latte; sie spricht leise mit dem Pfarrer, was hat sie ihm gesagt, er hat es mir später erzählt: sie stirbt gern für England und läßt Mutter und Brüder grüßen, die in der britischen Armee im Felde stehen. Andere Frauen bringen größere Opfer: Männer, Brüder, Söhne, sie gibt nur ihr eigenes Leben — o Vaterland drüben über dem Meer, o Heimat, die sie grüßen läßt. Ruhiger Abschied von dem Pfarrer. Letzter Akt. Er dauert kaum eine Minute. Die Kompanie präsentiert, der Kriegsgerichtsrat liest das Todesurteil vor. Der Belgier und die Engländerin bekommen eine weiße Binde über die Augen und die Hände an ihren Pfahl gebunden. Ein Kommando für beide: Feuer, aus wenigen Metern Abstand und zwölf Kugeln, die treffen.

Beide sind tot. Der Belgier ist umgesunken. Miss Cavell steht aufrecht am Pfahl. Ihre Verletzungen betreffen hauptsächlich den Brustkorb, Herz und Lunge; sie ist vollkommen und absolut momentan tot; ganz verkehrt zu sagen, daß sie angeschossen sich gequält habe und durch einen Fangschuß am Boden getötet worden sei. Sie war vielmehr noch während des Rufes Feuer unbezweifelbar tot. Nun schreite ich an den Pfahl, wir nehmen sie ab, ich fasse ihren Puls und drücke ihr die Augen zu. Dann legen wir sie in einen kleinen gelben Sarg, der abseits steht. Sie wird sofort beigesetzt, die Stelle soll unbekannt bleiben. Man befürchtet Unruhen wegen ihres Todes oder eine nationale Prozession aus der Stadt, darum Eile und dann Schweigen und Geheimnis um ihr Grab.

An diese Schilderungen schließen sich nun die Ausführungen Benns zur rechtlichen, genauer: zur kriegsrechtlichen Seite des Falles an. Er hatte auf Befehl seiner Dienststelle (als Gerichtsarzt) dem ganzen Prozeß beigewohnt, er kennt alle Zeugenaussagen und Verhöre, das ganze erdrückende Beweismaterial und das volle Geständnis Miss Cavells. Kein Zweifel also: Todesurteil und Hinrichtung sind zu Recht erfolgt. Man darf der deutschen Kriegführung keinen Vorwurf daraus machen, so wenig wie etwa der französischen aus der Erschießung von Mata Hari.

Dieses wenig bekannte Prosastück (nach mehr als drei Jahrzehnten erscheint es jetzt wieder im IV. Band der *Gesammelten Werke* im Limes Verlag) ist aus mehreren Gründen belangreich. Es ist erstens meisterhafte Prosa, ein Stück scharf beobachteter Wirklichkeit in höchster sprachlicher Konzentration – in dieser Hinsicht erinnert es unwillkürlich an *Block II, Zimmer 66* aus dem Jahre 1944 (im zweiten Teil von *Doppelleben*). Wieder einmal bedauert man, daß Gottfried Benn so selten zu diesem Genre griff. Mehrmals habe ich Benn in seinen letzten Lebensjahren zu derlei zu bewegen versucht, denn er erzählte am Biertisch gelegentlich sehr fesselnd über diese oder jene Einzelheit aus seinem Leben. Darüber zu schreiben, wies er jedoch müde von sich und sagte dann meist, sein Leben interessiere ihn nicht mehr, sein Menschliches sei gleichgültig, und die Nachwelt möge sich an das Werk halten. Es war keine falsche Bescheidenheit, die ihn so sprechen ließ, er war eigentlich schon immer dieser Überzeugung. Sonst hätten es die Biographen heute leichter, etwas Licht in so viele, dürftig belegte Jahre zu bringen.

Es ist weiterhin literarisch aufschlußreich, den Bericht Gottfried Benns über die Hinrichtung Miss Cavells mit der Schilderung eines, was den äußeren Vorgang betrifft, ähnlichen Ereignisses (der Erschießung eines Deserteurs) in den «Strahlungen» Ernst Jüngers zu vergleichen. Man wird dabei keine literarische Verwandtschaft antreffen, aber in beiden Fällen exemplarische Muster entdecken, der Daseinsstimmung einer Epoche in der kühlen, sachlich-präzisen und völlig unsentimentalen Sprache dieser Epoche zu entsprechen. Es ist hier wie dort eine unverkennbare persönliche Sprache – jeweils eben die Persönlichkeit und ihr Stil. Trotz ihrer wesensverschiedenen Prä-

Schwester Edith Cavell

Carl Sternheim (1917)

gung und enormen Gegensätzlichkeit sind Gottfried Benn und Ernst Jünger unvergleichlich wichtig für die Kenntnis des deutschen Geistes in der ersten Hälfte unseres Jahrhunderts.

Um noch einmal auf das Cavell-Prosastück einzugehen: es könnte sich immerhin die Frage erheben, ob nicht ein unbegreiflicher Widerspruch bestehe zwischen dem kühl-bewußten und nüchtern die unbezweifelte Wirklichkeit registrierenden Autor dieses Prosastücks und jenem Rönne-Benn der Brüsseler Jahre, der seinen Ich-Zerfall diagnostiziert und bekennt: *In Krieg und Frieden, in der Front und in der Etappe, als Offizier wie als Arzt, zwischen Schiebern und Exzellenzen, vor Gummi- und Gefängniszellen, an Betten und an Särgen, im Triumph und Verfall verließ mich die Trance nie, daß es diese Wirklichkeit nicht gäbe.* Ein offener, ein krasser Widerspruch, selbstverständlich. Und selbstverständlich ein ebenso notwendiger wie entscheidender Widerspruch: erst wenn man seiner gewahr wird und in ihn eintritt, gewinnt man die richtige Perspektive zu Gottfried Benn. In späteren Jahren hat es Benn gelassener formuliert: *Das, was lebt, ist etwas anderes als das, was denkt.* Mancher hat aus solchen und vielen anderen, damit übereinstimmenden Äußerungen auf eine schizoide Anlage bei Benn zu schließen versucht — aber solche und ähnliche Züge gehen durch alle große Kunst und sagen über sie nicht das Mindeste aus.

Was ich an Literatur verfaßte, schrieb ich, mit Ausnahme der «Morgue», die 1912 bei A. R. Meyer erschien, im Frühjahr 1916 in Brüssel. Ich war Arzt an einem Prostituiertenkrankenhaus, ein ganz isolierter Posten, lebte in einem konfiszierten Haus, elf Zimmer, allein mit meinem Burschen, hatte wenig Dienst, durfte in Zivil gehen, war mit nichts behaftet, hing an keinem, verstand die Sprache kaum; strich durch die Straßen, fremdes Volk; eigentümlicher Frühling, drei Monate ganz ohne Vergleich, was war die Kanonade an der Yser, ohne die kein Tag verging, das Leben schwang in einer Sphäre von Schweigen und Verlorenheit, ich lebte am Rande, wo das Dasein fällt und das Ich beginnt. Ich denke oft an diese Wochen zurück; sie waren das Leben, sie werden nicht wiederkommen, alles andere war Bruch. (*Epilog und Lyrisches Ich*)

Das ist in der desperaten Stimmung des Jahres 1922 geschrieben, aber doch sehr gültig für die einzigartige Bedeutung, die er der Brüsseler Zeit immer beilegte, für die Erinnerung an ein Erlebnis, das zu einer entscheidenden Selbsterfahrung wurde. Die erwähnte Wohnung lag in einem einstöckigen Eckhaus der Avenue Louise, er hat mir das Haus und manches andere in Brüssel noch selbst gezeigt im Jahre 1952, als wir auf der Durchreise dort einen Tag Station machten — aber darüber später. Er wohnte außerhalb des eigentlichen Geschäftsviertels, aber doch nicht weit vom Zentrum und er machte fast alle Wege zu Fuß. Den Vormittag verbrachte er dienstlich im Krankenhaus, aß im Offizierskasino zu Mittag und hatte dann meist den ganzen übrigen Tag für sich. Im Wehrmachtsgefolge waren damals auch Carl Einstein, Wilhelm Hausenstein, Otto Flake, Rudolf Alexander Schröder, Alfred Flechtheim, Wedderkop. Sie gehörten meist zur politischen Abteilung des Gouvernements, waren in der Zensur oder beim Kunstschutz tätig, auch viele Zeitungskorrespondenten lebten in Brüssel. Es gab auch ein deutsches Theater — hier wurde einmal Thomas Manns «Fiorenza» aufgeführt, der Autor erschien als Gast des Gouverneurs. Die deutschen Intellektuellen trafen sich meist in einem Café an der Porte Namur; hierher kam Benn allerdings nur sehr selten. Mit Carl Einstein, Flechtheim, Wedderkop setzte Benn die Bekanntschaft auch später in den zwanziger Jahren fort. Nicht zum Kreis der bereits Genannten gehört Carl Sternheim. Benn kannte ihn bereits aus Berlin. Der nachmals so berühmt gewordene, auch heute noch oft und erfolgreich aufgeführte Dramatiker besaß ein Landgut in La Hulpe, eine kur-

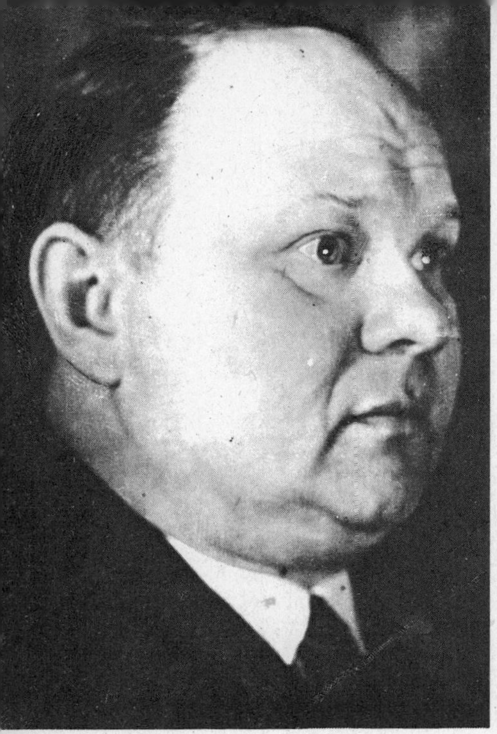

Paul Zech (1931)

ze Bahnstrecke nur von Brüssel entfernt; in großen Gewächshäusern wurden hier die bekannten Brüsseler Trauben gezüchtet. Wenn es auch zu keiner eigentlichen Freundschaft zwischen den Männern kam, so bestand doch von seiten Benns eine gewisse Sympathie für Sternheim, so wenig er dessen politische Ansichten teilte; zu seinen Werken äußerte er sich nur selten und sehr zurückhaltend. In La Hulpe lernte er vor allem Thea Sternheim, die zweite Frau des Dramatikers kennen, mit der er später sehr befreundet war und auch viele Briefe wechselte. In einem Brief aus dem Jahre 1949 erinnert er sich:

Wissen Sie noch, wie ich eines Winterabends mit St. in La Hulpe ankam, ein kleines Pony hatte uns von der Bahn gezogen. Mops (Anm.: die kleine Tochter) *brachte ihrem Vater die Hausschuhe, sie war rot und struppig, noch nichts von der späteren Schönheit und Sensitivität war zu sehn. Einige Unterhaltungen aus den beiden Tagen haben mich durch das ganze Leben begleitet und der Eindruck, daß man morgens sein Frühstück auf das Zimmer gebracht bekam, war mir als Rustikalem und Kleinbürgerlichem ganz neu ...*

Ein Brief an Paul Zech vom 25. Februar 1916 verrät einiges von dem, was ihn damals beschäftigte und bekümmerte:

Lieber Herr Zech! Herzlichen Dank für Ihren Gruß, der mich sehr erfreute. Sind Sie verletzt im Kampf oder durch Unfall? Sollten Sie im Verlauf der nächsten Kriegsjahre wieder nach hier kommen, besuchen Sie mich doch ja! Allerdings ist man hier wie Spreu, nämlich sehr leicht wegfegbar und nachdem man in fassungslos unmotivierter Weise kürzlich die gute alte «Morgue» konfisziert hat — theoretisch, denn praktisch gab es sie nicht mehr — schwant mir Böses. — Sehr angefreundet hatte ich mich mit W. Rösler, der lange zur Besatzung von Brüssel gehörte; leider ist er jetzt wieder in der Front und zwar sehr kritisch. Viel Glück und gutes Ergehen weiter!

Bei dem zuletzt Genannten handelt es sich um den Zeichner und Maler Waldemar Rösler. Benn kannte ihn noch aus Berlin, wo Rösler an Zechs Zeitschrift «Das Neue Pathos» mitarbeitete. Die Befürchtungen Benns waren leider nicht unbegründet, denn der junge Künstler fiel bald darauf an der Westfront. Ob Benns erster Gedichtband *Morgue* tatsächlich konfisziert wurde, konnte nicht einwandfrei festgestellt werden. Die militärischen Zensurbehörden arbeiteten im allgemeinen damals noch recht großzügig und kümmerten sich um unpolitische Bücher in der Regel überhaupt nicht. 1917, also im schwersten Kriegsjahr, erschien Benns neue Gedichtsammlung *Fleisch* bei A. R. Meyer unangefochten; warum also hätte man *Morgue* verbieten sollen, das es zudem praktisch gar nicht mehr im Handel gab?

Im Jahre 1915 erreichte Benn die Nachricht, daß er Vater geworden war. Seine Frau Edith wohnte nicht mehr in München, sondern war zu ihren Schwestern und Verwandten nach Dresden gezogen, woher sie stammte. In dem schönen Vorort Hellerau kam sie mit einer Tochter nieder. Es ist das erste und einzige Kind Gottfried Benns, es gibt keine anderen und zwar nicht, wie kluge Leute schrieben, weil er «bionegativ» war, sondern weil er zeitlebens kleine Kinder nicht ausstehen konnte. Kinder stören, Kinder kosten Geld, bringen Unruhe in den privaten Alltag. Man muß dazu wissen, daß Gottfried Benn um eine nahezu pedantische Regelmäßigkeit des Tagesablaufs bemüht war, ein festes Stundengerüst war ihm am liebsten und wohl auch nötig und unentbehrlich. Störungen, Eindrücke, Unangenehmes mied er, soweit nur angängig. Was ihn trotzdem erreichte, rechnete er dann stoisch zu den Unvermeidlichkeiten und war um Fassung und Haltung bemüht.

Er sah seine Tochter erst im folgenden Jahr, als er einen kurzen Urlaub in Hellerau verlebte. (Hellerau war bis 1914 ein nahezu weltbekannter Ortsname: hier war die «Schule für Tanz und rhythmische Gymnastik» von Dalcroze, in dem von Tessenow erbauten Theater wurden alljährlich Festspiele abgehalten vor einem Parkett von Großfürsten und Millionären, mit Uraufführungen von Stükken Claudels, Gides und Shaws; dies alles hatte freilich mit dem Ausbruch des Weltkriegs zunächst sein Ende gefunden.) Warum diese Tochter dann den Vornamen Nele erhielt, berichtete sie selber in ihrem pietätvollen Erinnerungsbändchen «Mein Vater Gottfried Benn» (Limes Verlag, Wiesbaden, 1960): in Belgien hatte Benn Charles de Costers (französisch geschriebenes) Meisterwerk «Tyll Uylenspiegel» kennengelernt, das für Belgien so etwas wie ein Nationalepos wurde, und darin erscheint die Gestalt der Nele.

In diesem Frühjahr 1916 war also Benn jedenfalls noch sehr wenig mit seiner neuen Vaterrolle beschäftigt. Er wohnte in dem «konfiszierten» Hause, bewohnte meistens nur zwei von den elf Zimmern und gab der Ordonnanz freigebig Ausgang, wenn er ganz und gar allein sein wollte. Nur selten empfing er Besuch; manche wissen von einer etwas geheimnisvollen Dame, von der man nur den Vornamen, Yvette, kennt und daß sie aus einer sehr patriotischen, belgischen Familie stammte, die auf keinen Fall etwas von diesen Besuchen erfahren durfte, damals nicht, auch später nicht. Im übrigen hat sie ihm kaum mehr bedeutet als Dutzende anderer Frauen in seinem Leben und bestimmt weniger als die eigentlich wichtigen Frauen seines Lebens, wozu selbstverständlich seine Ehefrauen gehören. Mit ganz seltenen Ausnahmen zogen ihn große, schlanke und blonde Frauen und Mädchen an – Yvette gehörte angeblich zu den Ausnahmen, aber eben nur in diesem äußerlichen Sinne. Sie hat sicherlich nie etwas erfahren von dem Dr. Werff Rönne, seines Zeichens «Arzt in einem Hurenhaus», der damals dies Selbstporträt entwarf:

Allmählich war er ein Arzt über neunundzwanzig Jahre geworden und sein Gesamteindruck war nicht darnach, Empfindungen besonderer Art zu erwecken.

1916: Der Blumenmarkt in Brüssel

Aber so alt er war, er fragte sich dies und das. Ein Drängen nach dem Sinn des Daseins warf sich ihm wiederholt entgegen: er erfüllte ihn: der Herr, der rüstig schritt, den Schirm unter dem Arm; die Hökerin, die vor dem Flieder stand, der Markt war aus, im Abendwehn; der Gärtner, der alle Namen wußte: Kirschlorbeer und Kakteen und dem die rote Beere im toten Busch vorjährig war? Aus der norddeutschen Ebene stammte er. In südlichen Ländern natürlich war der Sand leicht und lose; ein Wind konnte — das war nachgewiesen — Körner um die ganze Erde tragen; hier war das Staubkorn, groß und schwer.

Was hatte er erlebt: Liebe, Armut und Röntgenröhren; Kaninchenställe und kürzlich einen schwarzen Hund, der stand auf einem freien Platz, bemüht um ein großes rotes Organ zwischen den Hinterbeinen hin und her, beruhigend und gewinnend; herum standen Kinder, Blicke von Damen suchten das Tier, halbwüchsige Jugend wechselte die Stellung, den Vorgang im Profil zu sehen. Wie hatte er das alles erlebt: er hatte Gerste eingefahren von den Feldern, auf Erntewagen, und das war groß: Mandel, Kober und Kimme vom Pferd. Dann war der Leib eines Fräuleins voll Wasser und es galt Abfluß und Drainage. Aber über allem schwebte ein leises zweifelndes Als ob: als ob Ihr wirklich wäret Raum und Sterne.

Und nun? ein grauer nichtssagender Tag würde es sein, wenn man ihn begrub. Die Frau war tot; das Kind weinte ein paar Tränen. Es war wohl Lehrerin und mußte abends noch in Hefte sehen. Dann wäre es aus. Beeinflussung von Gehirnen durch und über ihn zu Ende. Es trat in ihr Recht die Erhaltung der Kraft.

Wie hieß er mit Vornamen? Werff.

Wie hieß er überhaupt? Werff Rönne.

Was war er? Arzt in einem Hurenhaus.

Was schlug die Uhr? Zwölf. Es war Mitternacht. Er wurde dreißig Jahre. In der Ferne rauschte ein Gewitter. In Maiwälder brach die Wolke auf.

Nun ist es Zeit, sagte er sich, daß ich beginne. In der Ferne rauscht ein Gewitter, aber i c h geschehe. In Maiwälder bricht die Wolke auf, aber m e i n e Nacht. Ich habe nördliches Blut, das will ich nie vergessen. Meine Väter fraßen alles, aus Trögen und Stall. Aber ich will mich, sprach er sich Mut zu, auch nur ergehen. Dann wollte er sich etwas Bildhaftes zurufen, aber es mißlang. Dies wieder fand er bedeutungsvoll und zukunftsträchtig: vielleicht sei schon die Metapher ein Fluchtversuch, eine Art Vision und ein Mangel an Treue. (Der Geburtstag)

Die biographische Bezüglichkeit, hier wie in den anderen *Rönne*-Stücken (und wie eigentlich überall in seiner dichterischen Prosa), braucht kaum hervorgehoben zu werden. Die dezennalen Geburtstage haben Gottfried Benn immer etwas Besonderes bedeutet, Schichtwechsel und Fermate, hier ist es sein dreißigster, er hat ihn (wie die anderen Dezennalien) nicht als Jubeltag und Freudenfest begangen, sondern bedrängt von Zweifeln und Fragen. Es fällt übrigens die Erschaffung der Rönne-Figur nicht in das so unterstrichene Jahr 1916. Schon ein Jahr vorher (er selbst gab sogar das Jahr 1914 dafür an) war das Stück *Gehirne* entstanden, das erste, worin Rönne erscheint. Es beginnt:

Rönne, ein junger Arzt, der früher viel seziert hatte, fuhr durch Süddeutschland dem Norden zu. Er hatte die letzten Monate tatenlos verbracht; er war zwei Jahre lang an einem pathologischen Institut angestellt gewesen, das bedeutet, es waren ungefähr zweitausend Leichen ohne Besinnen durch seine Hände gegangen, und das hatte ihn in einer merkwürdigen und ungeklärten Weise erschöpft. Jetzt saß er auf einem Eckplatz und sah in die Fahrt: es geht also durch Weinland, besprach er sich, ziemlich flaches, vorbei an Scharlachfeldern, die rauchen von Mohn. Es ist nicht allzu heiß; ein Blau flutet durch den Himmel, feucht und aufgeweht von Ufern; an Rosen ist jedes Haus gelehnt, und manches ganz versunken. Ich will mir ein Buch kaufen und einen Stift; ich will mir jetzt möglichst vieles aufschreiben, damit nicht alles so herunterfließt. So viele Jahre lebte ich, und alles ist versunken. Als ich anfing, blieb es bei mir? Ich weiß es nicht mehr.

Der *Rönne*-Komplex ist von Benn selber so ausführlich und eindringlich interpretiert worden, daß man sich damit eigentlich begnügen könnte.

Eine Art innerer Konzentration setzte ich in Gang, ein Anregen geheimer Sphären, und das Individuelle versank, und eine Urschicht stieg herauf, berauscht, an Bildern reich und panisch. Periodisch verstärkt, das Jahr 1915/16 in Brüssel war enorm, da entstand Rönne, der Arzt, der Flagellant der Einzeldinge, das nackte Vakuum der Sachverhalte, der keine Wirklichkeit ertragen konnte, aber auch keine mehr erfassen, der nur das rhythmische Sichöffnen und Sichverschließen kannte, das fortwährend Gebrochene des inneren Seins und der, vor das Erlebnis von der tiefen, schrankenlosen mythenalten Fremdheit zwischen den Menschen und der Welt gestellt, unbedingt der Mythe und ihren Bildern glaubte. (*Lebensweg eines Intellektualisten*)

Er glaubte unbedingt der Mythe und ihren Bildern – diesen Satz muß man sich einprägen, wenn man den Weg des Dichters begreifen will. Er blieb die Blickrichtung Benns sein Leben lang, er galt einem Etwas jenseits der Geschichte und strebte über die Geschichte hinweg als dem schlechthin Vergänglichen – jenseits also davon wähnte er den harten Stoff zu finden, an dem sich Kunst festmachen läßt. War diese Tendenz zu den Mythen nur ästhetisch angelegt oder griff sie weiter und vergriff sich wohl auch einmal? Wir werden es erfahren.

Es entstanden in den Brüsseler Jahren nicht nur die *Rönne*-Stücke und eine Handvoll drängender Gedichte, sondern auch einige merk-

Dr. Gottfried Benn in Brüssel (1916)

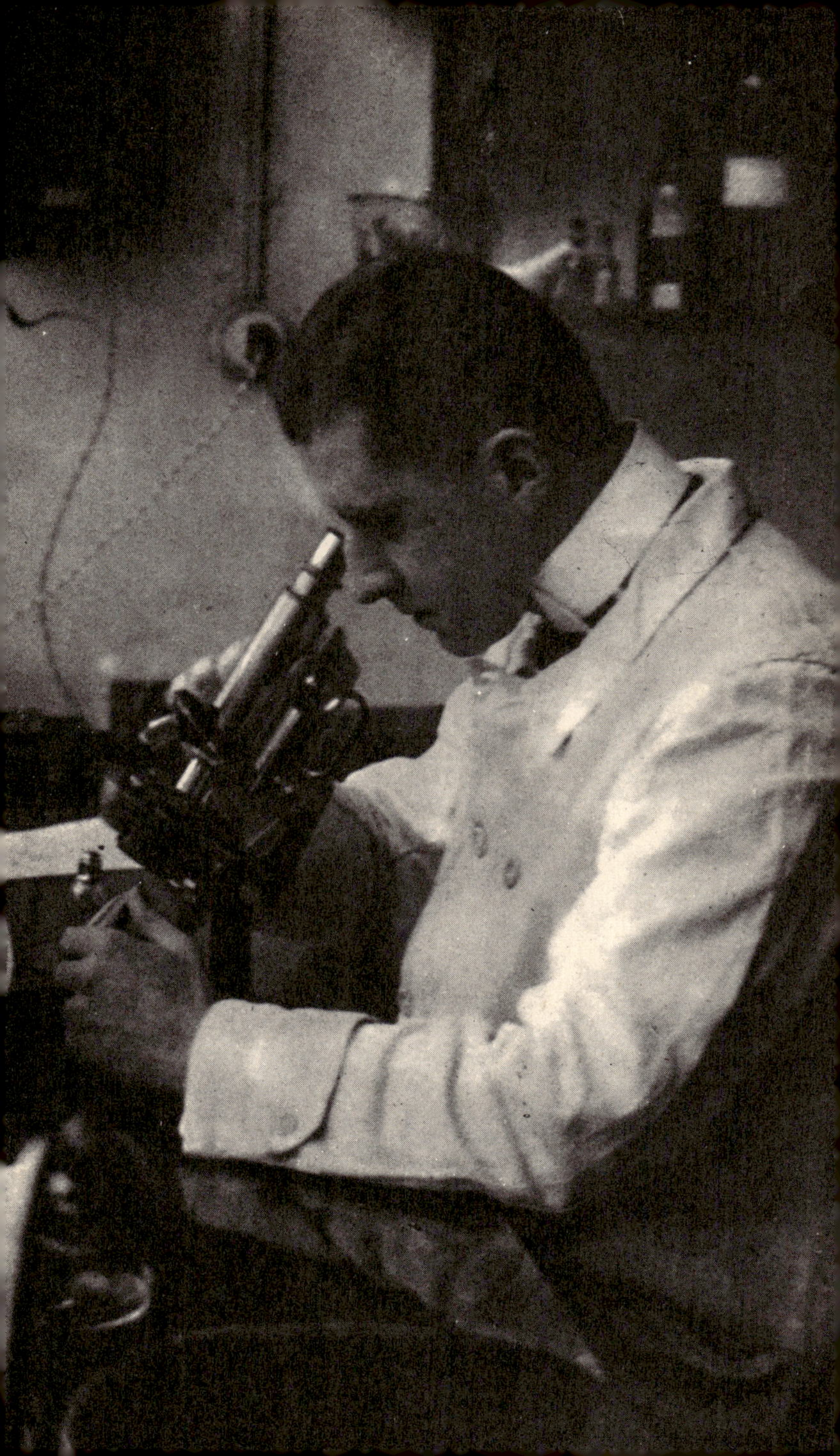

würdige Dramen, wie *Der Vermessungsdirigent* und *Etappe* (nur diese beiden hat Benn noch einmal nach 1945 in dem Band *Frühe Lyrik und Dramen* erscheinen lassen [Limes Verlag, 1952]). Man sollte diese Dramen wichtiger nehmen, als es bisher geschehen; sie enthalten manches, was anderswo nicht oder nicht so deutlich steht. *Etappe*, 1915 entstanden, spielt *in dem Wohlfahrtsbüro des Gouvernements einer eroberten Provinz*. Da sagt zum Beispiel ein Frontlazarettarzt zum geheimrätlichen *Wohlfahrtschef*:

Was? Acht Monate die Schnauze gehalten? Acht Monate die Zähne geknirscht, damit dies Schiebergeschmeiß sich hier die Wänste wärmt? Blutgewitter säuberten die Himmel, nun will das Land hoch, die Flecken rühren sich, umschwärmt von Korn und Sträuchern — Blutsommerland. Dunker! Die Sensen von den Wänden! ... Haben Sie sie gesehen, die blutgrauen Leichenschädel und die zersplitterten Visagen? Dazu das ganze Getümmel, die Schreie und der Mord? Ich sage Ihnen, Dunker, sie kriegten kein Schwein mehr gegen die Drahtverhaue, wenn die draußen wüßten, wer hier den Tod verschachert ... Mit dieser Peitsche hier — und wenn sie mich an die Mauer stellen, mein Blut soll springen wie ein Hornruf: Hetzt dieser Bande Hunde an die Gurgeln!!

Daraus, wie aus der ganzen Szenenfolge, kann man sich mühelos ein Bild von dem Milieu machen, in dem Benn als Militärarzt in Brüssel leben mußte. Brüssel war die größte Etappenstadt der Westfront und dazu der Sitz des Generalgouvernements mit seinen unzähligen Stäben und Verwaltungsbüros. In nahezu jedem Kriege gibt es ein Haßverhältnis zwischen Front und Etappe; in einem gewissen Maße ist das ganz unvermeidlich. Wer aus den furchtbaren Materialschlachten von Ypern, Langemarck, an der Yser und dem übrigen Flandern nach Brüssel kam, den empörte der hektische Genußbetrieb auf den wimmelnden Boulevards, in den unzähligen Restaurants und Vergnügungslokalen, obwohl gerade das Hektische dabei ein Ausdruck der Kriegsstimmung war. Die Prostitution aller Grade war ungeheuerlich, auch sie eine Kriegsfolge und dadurch mitbedingt, daß sich die belgische Zivilbevölkerung feindselig zurückhielt: «anständige» Frauen und Mädchen verkehrten überhaupt nicht mit den Deutschen. Die es trotzdem taten und nicht heimlich genug vorgingen, hatten es nach dem Abzug der Deutschen bitter zu büßen. Dafür zog von 1915 an zahlreiches Büropersonal weiblichen Geschlechts in die Kanzleien der Gouvernementsverwaltung, die Zivilangestellten durften ihre Frauen kommen lassen, es war auch kaum zu verhindern, daß zweifelhafte Damen in Scharen aus dem darbenden Reich nach Brüssel kamen, wo das Geld locker saß und die Ernährung dank der Tätigkeit des Internationalen Ernährungskomitees (Einfuhr hauptsächlich aus Holland) beinahe friedensmäßig blieb (es mußte später allen Militärpersonen sogar verboten werden, Lebensmittelpakete aus Belgien in die hungernde Heimat zu schicken).

Das alles hat jedoch den Oberarzt Benn weit weniger schockiert als die Karrierelust bei den aufgeblähten Etappenstäben, die forsche Heuchelei und Wichtigtuerei der «Nichtkämpfenden», das Siegergebaren derjenigen, die fern vom Schuß lebten, die Korruption beim Wehrmachtsgefolge, die übergeschäftigen Drückeberger in Uniform und Zivil, das Schiebertum und die Geschäftemacherei jeder Art, insgesamt etwas Scheußliches und beinahe Unwirkliches – denn am Abend vernahm man das ferne und eigentlich gar nicht so sehr ferne Geschützfeuer von der Front, und in der Nacht stauten sich oft die Züge mit den Schwerverwundeten in den Bahnhöfen. Tote und Sterbende wurden herausgeholt oder schwere Fälle, die eiligst in eines der vielen Hospitäler transportiert wurden. Die Militärgefängnisse waren voll auch mit den Soldaten, die sich eine Geschlechtskrankheit zugezogen hatten, also zuerst behandelt und dann bestraft wurden. Frontoffiziere und Soldaten erkannte man auf der Straße auf den ersten Blick: zerknitterte Uniformen und hohle Gesichter; sie wirkten scheu und linkisch inmitten des weltstädtischen, lichterfunkelnden Treibens. Es waren also nicht nur die unvermeidlichen Gegensätze, die hier ständig aufeinanderstießen, sondern in all dem war eine Mentalität anzutreffen, deren rabiate Geistfeindlichkeit sich in Kasinodiskussionen entlud, deren Lieblingsphrasen und Vorstellungen von einem siegreichen Kriegsende weder eine Idee noch eine Problematik kannten, dafür aber sämtliche Ladenhüter des deutschen Stammtisches. Hier traf Gottfried Benn auch die ihm bereits wohlbekannte Unduldsamkeit gegen Andersdenkende wieder, gegen Pessimisten und «Flaumacher» und natürlich gegen «undeutsche Kunst». Da hatte doch kürzlich erst eine Berliner Zeitung dem Lyriker August Stramm in einer vernichtenden Rezension seiner expressionistischen Gedichte «vierzehn Tage Schützengraben zur Kur» empfohlen, und kurz darauf kam die Nachricht, daß der Hauptmann Stramm, vom ersten Kriegstage an Frontoffizier, an der Ostfront gefallen war. Wie hatte ein Münchner Blatt wenige Jahre zuvor Benns Erstling *Morgue* rezensiert? –: «Wenn früher jemand verrückt war, so sah er nur weiße Mäuse tanzen. Jungberlin hat hierin entschieden einen Fortschritt gemacht, es sieht Ratten. Über die Perversität dieser Gedichte zu schreiben, ist als Lyrikkritiker nicht meine Sache. Ich überlasse diesen interessanten Fall den Psychiatern.» Jener Oberarzt Dr. Olf aus der Szenenfolge *Etappe* wird am Ende ins Irrenhaus abgeführt, er war allzu lästig geworden mit seinen verzweifelten Tiraden, er störte die ganze wohlorganisierte Etappenherrlichkeit...

Brüssel 1915. Im Abschnitt *Das lyrische Ich* des Essays *Lebensweg eines Intellektualisten* berichtet der Dichter:

An ein anderes Vorkommnis erinnere ich mich aus Brüssel. Ein Septembertag, ich war Oberarzt am Gouvernement und mit einem Auftrag zu einer anderen Behörde geschickt. Die Straße zu gehen war kurz, doch von den Horizonten brach das Dionysische, die Stunde war zerstückt und bronzen, Verbranntes überall, auf ihrer Kuppe hatte ein Feuer gewütet, Jahr und Leben hinüber, das Vorspiel war aus, das Ende nahte, das Opfer, aber man mußte sich fassen —: nur einen Blick noch aus diesem Licht, einen Atem noch aus dieser Stunde — und:

«Sieh dieses Sommers letzten blauen Hauch
auf Astermeeren an die fernen
baumbraunen Ufer treiben; tagen
sieh diese letzte Glück-Lügenstunde
unserer Südlichkeit
hochgewölbt —»

Das sind die Schlußzeilen aus dem Gedicht *Karyatide,* das damals und aus einer wie oben beschriebenen Stimmung entstand. Ein seltsam erhobener, ins Rauschartige gesteigerter Zustand. In einem Brief an Ernst Jünger vom 19. 11. 51 heißt es:

Darf ich bei dieser Gelegenheit erwähnen, daß ich selber Drogen weder nehme noch genommen habe (außer einer kurzen Episode mit Kokain im 1. Weltkrieg) . . . Aus dem Jahre 1916 stammen folglich die beiden Gedichte, worin von Kokain die Rede ist. Das eine heißt gleich im Titel *Kokain,* das andere, das hier stehen soll:

O Nacht —:

O Nacht! Ich nahm schon Kokain,
und Blutverteilung ist im Gange,
das Haar wird grau, die Jahre fliehn,
ich muß, ich muß im Überschwange
noch einmal vorm Vergängnis blühn.

O Nacht! Ich will ja nicht so viel,
ein kleines Stück Zusammenballung,
ein Abendnebel, eine Wallung
von Raumverdrang, von Ichgefühl.

Tastkörperchen, Rotzellensaum,
ein Hin und Her und mit Gerüchen,
zerfetzt von Worte-Wolkenbrüchen —:
zu tief im Hirn, zu schmal im Traum.

Die Steine flügeln an die Erde,
nach kleinen Schatten schnappt der Fisch,
nur tückisch durch das Ding-Gewerde
taumelt der Schädel-Flederwisch.

O Nacht! Ich mag dich kaum bemühn!
Ein kleines Stück nur, eine Spange
vom Ichgefühl — im Überschwange
noch einmal vorm Vergängnis blühn!

O Nacht, o leih mir Stirn und Haar,
verfließ dich um das Tag-verblühte;
sei, die mich aus der Nervenmythe
zu Kelch und Krone heimgebar.

O still! ich spüre kleines Rammeln:
es sternt mich an — es ist kein Spott —:
Gesicht, ich: mich, einsamen Gott,
sich groß um einen Donner sammeln.

Daß Gottfried Benn durch sein ganzes folgendes Leben der Brüsseler Zeit so elegisch sehnsüchtig gedachte, beweist doch immerhin, daß er dort trotz aller widerwärtigen Eindrücke und scheußlichen Erlebnisse auf seine Art glücklich war. Die ganze Produktion dieser Zeit, ob Vers, Drama oder Prosa, zeigt gegenüber den Anfängen eine ungeahnte Weiterentwicklung, in den Hauptlinien oft eine bereits definitive Prägung. Gewiß brachte die Zukunft noch Anreicherungen, gedankliches Weiterführen, auch stand die eigentliche Essayistik erst noch bevor. Aber dieser zerreißenden Selbsterfahrung zwischen Zivilisation und Mythos, zwischen Wirklichkeit und Traum, zwischen Gedanke und Vision blieb er treu: hier war der Schnittpunkt aller Seinskoordinaten, hier erlöste sich alles zum Ausdruck.

Es muß auch etwas an der äußeren Existenz gewesen sein, was damals den besonderen Schwierigkeiten seiner inneren Existenz entgegenkam: er hatte viel freie Zeit, keine Geldsorgen, viel Einsamkeit ohne das Gefühl der Verlassenheit, niemand bedrängte ihn persönlich und privat. Als Militärarzt hatte er einen klaren, gewissenhaft erfüllten Pflichtenkreis, einen zeitlich genau festgelegten Dienst. Davon abgesehen, war er frei, unvergleichlich freier als später in einer selbständigen Praxis — eine annähernd vergleichbare Situation fand er erst wieder während des Zweiten Weltkrieges in Landsberg, aber da war er älter, gezeichneter, und es hingen die Wolken viel tiefer.

Er war auch während des Krieges etliche Male in Berlin, hat wahrscheinlich auch einen Besuch beim Vater in Mohrin gemacht und einige Geschwister gesehen. Sein jüngerer Bruder Siegfried fiel kaum 24jährig an der Westfront. Über seine Stiefmutter Sophie (geb. Kolbe) liegt von ihm keine Äußerung vor, er stand ihr mehr oder weniger gleichgültig gegenüber. Gottfried Benns nachgeborener Bruder Stephan hatte als einziger der Söhne die theologische Laufbahn eingeschlagen und zog als junger Pfarrer gegen Kriegsende in das Selliner Pfarrhaus ein. Auch zwei andere Brüder standen während des Krieges im Felde. Gottfried Benns Verhältnis zu seinem Vater blieb trotz aller Spannungen äußerlich sehr korrekt; mündliche Auseinandersetzungen hat es überhaupt nur selten und nie in scharfen Worten gegeben. Es kann nicht verwundern, daß der Vater weder Verständnis noch überhaupt Interesse für das dichterische Tun seines Sohnes hatte; er hat sicherlich nur wenig oder fast nichts von Gottfried gelesen. Seine ausgeprägte Ehrlichkeit verbot es ihm aber auch, dazu Stellung zu nehmen oder ein Urteil abzugeben. Er war jedoch auf seine Art ein guter und liebevoller Vater — um das zuzugeben, mußte Gottfried Benn allerdings erst selber ein alter Mann werden. Im Vaterhaus zu Mohrin war er jedenfalls immer willkommen und das blieb so bis zum Tode des greisen Pfarrers im Jahre 1939.

Berlin war selbstverständlich nie aus dem Blickwinkel Gottfried Benns geschwunden; es war und blieb für ihn die entscheidende, die einzige Stadt. Er hat so manchen aus dem alten Freundes- und Bekanntenkreis in Brüssel wiedergesehen, hat mit anderen korrespondiert, so mit Zech, Meyer, Pfemfert. Die plötzliche Heirat zu Kriegsbeginn in München bedeutete für ihn keinen Wohnortwechsel. Der Krieg machte ja zunächst alles provisorisch; deshalb zog auch Edith Benn zunächst für die Niederkunft und die noch unbestimmte Zeit nachher zu ihren Schwestern nach Hellerau bei Dresden. Sie war eine ungemein gesellige und gesellschaftliche Natur. In Dresden, ihrer Heimatstadt, wohnten nicht nur viele Verwandte, sondern auch unzählige Bekannte und Freunde, mit denen sie zum guten Teil durch die Liebe zur Musik verbunden war. Sie selbst war eine ausgezeichnete Pianistin, die jeden Tag einige Stunden am Flügel verbrachte, eine eifrige Konzertbesucherin, ohne deswegen das Theater zu vernachlässigen. Dresden besaß damals noch neben München das feinste, kultivierteste Publikum Deutschlands; Leipzig wirkte dagegen parvenühaft, und Berlin war überhaupt etwas ganz anderes. Hier in der schönen Villa in Hellerau sah also Benn zum erstenmal sein strampelndes Töchterchen. Hier aber sah er auch zum erstenmal seine Frau in ihrem ureigenen, angestammten Kreis und es war ein verwirrend großer und verwirrend imposanter Kreis, lauter überaus gebildete, hochkultivierte und konversationsbeflissene Menschen, die ihn insgesamt etwas bedrückten, deren Gesellschaft ihn stumm und verlegen machte. Edith Benn war von Jugend an mit der Luft des Salons, des besonderen Dresdner Salons vor allem, vertraut, sie bewegte sich darin mit der lässigen Sicherheit der kultivierten Dame, sie war in diese wohlhabende, sorglose Gesellschaft hineingeboren worden, sie fühlte sich wohl in ihr und verstand sich auf alle Feinheiten und Tücken des Zeremoniells. Gottfried Benn war demgegenüber in einem dürftigen Pastorenhaus aufgewachsen — ohne Gainsboroughs und Chopin-Musik, und ohne «Salon» —, hatte mit jeder Mark, mit jedem Groschen rechnen müssen, war überhaupt noch nie so intensiv mit «feiner Gesellschaft» in Berührung gekommen. Schnell merkte er: hier war er fremd und würde immer fremd bleiben.

Es waren zunächst und damals jedenfalls nicht die acht Jahre Altersunterschied, die eine Rolle spielten. Benn hat vorher und nachher ältere Frauen geliebt; nicht das Alter, sondern Aussehen und Wesen einer Frau interessierten ihn. Eine 38jährige, schlanke, hübsche Frau, eine so überaus gepflegte und charmante dazu wie Edith Benn, brauchte auch keine Alterssorgen zu hegen, selbst nicht in dem

Benns erste Frau Edith, geb. Osterloh, mit ihrer zweijährigen Tochter Nele (1916)

mit Frauenschönheit stets sehr auffällig gesegneten Dresden. Ihre verständlichen und berechtigten Sorgen galten dem Wesensunterschied, der schwer überbrückbaren Gegensätzlichkeit ihrer Naturen. Beiderseitige Liebe hatte sie zusammengeführt — zum eigentlichen Kennenlernen war jedoch vor der Ehe nur wenig Zeit und Gelegenheit. Benn erfuhr erst jetzt, aus welcher Welt seine Frau stammte, welche Kreise sie als die ihrigen betrachtete. Das war in der Summe etwas schmerzlich Trennendes und auch Ernüchterndes. Als gesellschaftliches Wesen war ihm seine Frau hoffnungslos überlegen; was sollte er in diesem Milieu als Sonderling und Einzelgänger, als Fremdling wie aus einer anderen Welt?

Der menschlichen Wärme, von einer Frau entgegengebracht, hat er zwar stets bedurft, hat sie aber auch immer auf ein gewisses Maß dosiert und sich gegen überwältigende Gefühle gewehrt. Den ganzen Bereich des eigentlich Familiären hielt er beharrlich von sich ab. Auch innerhalb der Ehe blieb er zeitlebens eine abgekapselte Monade, in sich, bei sich, für sich. Das setzte ihn oft zu Lebzeiten, aber selbst noch nach seinem Tode Mißverständnissen aus. Leicht wird dergleichen als hochgesteigerter oder sogar überheblicher Egoismus empfunden, als Menschenverachtung bis in die Intimsphäre, als introvertierte Kontaktscheu. Man vergißt, daß Gottfried Benn sein oft rätselhaftes, manchmal sogar verletzendes Verhalten mit beträchtlichem Willensaufwand und oft sehr angestrengt nach Maßgabe der erreichten Selbstkenntnis regulierte, einer Selbstkenntnis, die weit mehr, als man es ahnt, auf sehr bitteren und beängstigenden Selbsterkenntnissen beruhte.

Belle-Alliance-Strasse 12

Wenn sich also die folgenden – wenigen – Ehejahre nicht gerade freudvoll für Edith Benn entwickelten, dann sollte man weniger von Schuld als von einer gewissen Not sprechen, vielleicht geradezu von einer Art Notwehr bei Gottfried Benn, einer Abwehr und Selbsthilfe. Gegen Kriegsende hatte er eine Praxis im Berliner Stadtbezirk Kreuzberg eröffnet, im Haus Belle-Alliance-Straße 12 (nach dem Zweiten Weltkrieg in Mehring-Damm umbenannt). Das Spezialgebiet, für das er sich schon in Brüssel entschieden hatte und bei dem er, ausgenommen die erzwungene Unterbrechung im Hitlerreich, bis zur Aufgabe der ärztlichen Tätigkeit überhaupt, drei Jahre vor seinem Tode, blieb, war das eines Arztes für Haut- und Geschlechtskrankheiten. In der Wohnung Belle-Alliance-Straße übte er indessen nicht nur seine Praxis aus, sondern hierher verlegte er von vornherein einen beträchtlichen Teil seines Privatlebens. Seine Frau mit den beiden Kindern (außer Nele noch der bei Kriegsende gerade schulpflichtig gewordene Sohn Andreas aus erster Ehe) folgte bald nach und mietete in der Passauer Straße 20 eine Wohnung, die sie geschmackvoll und elegant einrichtete – viel zu elegant für ihren Ehemann. Er hat mir auch aus dieser frühen Zeit das und jenes, wenn auch nicht eben viel erzählt. Man kann einiges in dem bereits erwähnten Erinnerungsbändchen seiner Tochter nachlesen. Papa war nicht oft zu Hause, schreibt die heute prominente dänische Journalistin ...

Die ersten Jahre fallen in die wildeste Berliner Nachkriegszeit mit ihren blutigen Aufständen, Putschen und Morden, mit entsetzlicher Not und Hunger und Nachkriegsseuchen, mit Inflation und Papiergeldtaumel und dazu die unzähligen «Raffkes», die alle erlaubten und verbotenen Geschäfte machten. Am Zoo wurde wispernd «Koks» (Kokain) angeboten, die Prostitution quoll über, Tausende von Schleppern suchten am Abend Publikum für alle möglichen geheimen und verpönten Lokale, für Nacktklubs und getarnte Spielbanken. Dutzende von Razzien jede Nacht, Zehntausende entlassener Soldaten und Offiziere auf den Straßen, die Werbebüros der Freikorps, viele Tausende von Krüppeln auf Krücken oder in Selbstfahrern, Prügeleien zwischen Rechts und Links, Protestdemonstrationen gegen die Ententeforderungen, schwache Staatsautorität, Arbeitslosigkeit, Selbstmorde in Rekordhöhe. Die Praxis ließ sich in den ersten Nachkriegsjahren recht gut an, es gab oft weit mehr Patienten, als dem Arzt lieb war. Wie nach jedem großen Krieg gab es damals einen Rekordstand von Geschlechtskranken.

Das chaotisch-orgiastische Berlin von damals und seine Reflexe in einer Persönlichkeit wie Gottfried Benn gibt unvergleichlich das Gedicht *Prolog 1920* wieder; er hat es übrigens nicht in seine *Gesammelten Gedichte* 1956 aufgenommen:

Nele

Wie Kranz auf Kinderstirn, wie Rosenrot,
Granat am Ast selbst der Gefesselte
ihr alle an euerm Schicksal schwebt,
Knappen, Amoretten, Olympier,
Ledaflaneure, Hyazinthenhäupter,
noch wo ihr mit der tiefen Fackel steht,
ihr Hermen um die Blütensarkophage —
mit unsern Tränen seid ihr längst
aus allen Felsen losgewaschen.

Die Kreuze wildern auf der Schädelstätte,
Götzen und Häscher, blutflüssig dürstende
Pilatusschnauzen, Tempeljalousien
zerreißen unaufhörlich, mitternächtlich
krähn Hühnerhöfe, Zucht und Brutkomplexe,
Verrat an Gott — und Menschen-Familiärem,

niemand weint bitterlich, man lacht, man lacht,
he, he, die Schädelstätte Abendland,
beschädigte Crescencen, Wermutssterne,
die Orgie 1920.

Totale Auflösung, monströseste Konglomerate,
neurotische Apokalypsen, transhumane Foken,
Jaktation, hybridestes Finale —:
Individual-Ich: abgetakelt,
Psychologie: zum Kotzen,
Entwicklungsprinzip: der Hund bleibt am Ofen,
Kausalgenese: wer will das wissen,
Ergebnis: réponse payée!!
Teilergebnis: verfaulter Daseine Gift und Gas,
was über die Lippen der Frühe ging,
die Morgenfrüchte, der wirre Wein,
unserer Hirne sterbender Brand:

Wer je vor Afra stand, der Gedankenleserin,
dem Problem der Gleichförmigkeit des psychischen Geschehens;
Je vor des Frankfurter Rektors Assoziationsversuchen an seinen Schülern
und der einfach stupenden Einförmigkeit von Reaktion und Qualität;
wer je aus der Kulturgeschichte ersah den Weg historischen Geschehens:
aus der Summation kleinster Reize und der Akkumulation trivialster Dyskrasien;
oder gar vor dem Problem der Typenbildung der Individualitätsreihen stand,
dem Somatischen des Systems und dem Sekretorischen der Synopsien —
was ruft der wohl noch vor des Statikers Epigenese und des Motorischen Evolution,
des Dynamikers Juchhe, des Depressiven Basiliken,
dem Filigran des Neurotikers und der Distinction des Brute?

Wo ist das große Nichts der Tiere?
Giraffe, halkyonisch, Känguruh,
du, du bist in Arkadien geboren,
mein Beutelhase, grunz mir zu!

Gestalten alle, Wandelnde
des mythenlosen Schritts, Düpierte,
Ausgeschmierte, Identität
der Zeugung Rache, Embonpoint —

«Des Vaterlandes Dank ist euch gewiß!»
Zeichnung von George Grosz

Metaphysik latenter Antithesen,
Synopsen-Zuckerguß und — Yohimbin —

marmelnde Schädel, Katafalken,
Zucht-Maleachis, Sursum-Johannän,
Süßstoffe, Hundekuchen, Himbeersaft
Schutzbünder vor den allgemeinen Menschheitshintern,
im Wald und auf der Heide
Knospen-Manufaktur
Hauptgeschäft Port Said
Puff in Moscheeform
Marmortafel überm Eingang:
Hier wohnte die Stammutter der Menschheit,
los
ran —

Vorortdämonen. Etagen-Mephistophen,
Anti-Prometheus greift ins Grammaphon —
Dumping-Gesetz für die Tantaliden
der ganze Orbis pictus lacht sich tot,
der ganze Ptolemäus, Cap Farewell,
das ganze Feuerland, der Meere Mal:

«Prometheus, los, den Wudki an die Schnauze,
für diese Blase Leber und Ragout?
Syndetikon! Und schmiers dir auf die Plauze
und dann im Cutaway zum Rendezvous —

Die Zeuse Kitsch, wo du die Fackeln klautest,
und sonst die Viechheit über Stall und Haus
wird schrein, als ob du auf die Pauke hautest,
Herr Branddirektor, Mensch, so siehst Du aus.»

Diese Wort-Collage aus Apokalypse und Götterdämmerung, aus Wissenschafts-Zynismus und Geschichtsverachtung, aus Trauer und Slang ist ein echter Benn-Cocktail aus den frühen, den eben beginnenden zwanziger Jahren. In dieser Stimmung trat er in sie ein, in dieser Stimmung ließ er sie dann hinter sich und mit dem Keim einer denkwürdig abstrusen Hoffnung, an der er in der Folge noch schwerer tragen sollte als an so vielen Verzweiflungen. Es liegt da kaum eine merkliche Zäsur zwischen der Etappen-Verfluchung in Brüssel und dem Abscheu über den Berliner Inflationssumpf einige Jahre später. Für die tiefe Einsamkeit, die ihm Brüssel zeitweise gewährte, findet er aber wohl in der Wohn-Praxis Belle-Alliance-Straße keine Entsprechung (und noch weniger natürlich in der Passauer Straße bei Familie und kleinen Kindern). Schon drei Jahre später also hebt eine gewisse Verklärung an, wie aus folgendem (an den Herausgeber der Zeitschrift «Die Dichtung», Wolf Przygode, gerichteten)

Widmungsgedicht in einem Exemplar mit den Brüsseler Dramen: *Der Vermessungsdirigent, Etappe* und *Karandasch* (Pameelen ist die Hauptperson des ersten) hervorgeht:

Mein lieber Herr Przygode,
hier kommt der Eskimode,
hier kommt der Hyperboräer,
Welteschen — eichelhäher.
Kurzum: Herr van Pameelen,
den so die Worte quälen.
Er stammt von vor drei Jahren
aus meinem roten Haus, wenn Sie
die wunderschöne Avenue
Louise hinunterfahren.

Eines Tages wird er auch die zwanziger Jahre und das ganze Berlin dieser Epoche in einem durchaus verklärten Licht sehen. Aber jetzt, beim Anbruch dieses Dezenniums, blickt er mit wilder Verachtung auf den kochenden Kulturbetrieb. Dazu der *Prolog zu einem deutschen Dichterwettstreit*:

Verlauste Schieber, Rixdorf, Lichtenrade,
sind Göttersöhne und ins Licht gebeut,
Freibier für Luden und Spionfassade —
der warme Tag ist's, der die Natter zeugt:
Am Tauentzien und dann die Prunkparade
der Villenwälder, wo die Chuzpe seucht:
Fortschritt, Zylinderglanz und Westenweiße
des Bürgermastdarms und der Bauchgeschmeiße.

Jungdeutschland, hoch die Aufbauschiebefahne!
Refrains per Saldo! Zeitstrom, jeder Preis!
Der Genius und die sterblichen Organe
vereint beschmunzeln ihm den fetten Steiß.
Los, gebt ihm Lustmord, Sodomitensahne
und schäkert ihm den Blasenausgang heiß
und singt dem Aasgestrüpp und Hurentorte:
Empor! (zu Kaviar) Sursum (zur Importe).

Vergeßt auch nicht die vielbesungene Fose
mit leichter Venerologie bedeckt,
bei Gasglühlicht und Saint-Lazare die Pose
das kitzelt ihn; Gott wie der Chablis schmeckt.
Und amüsiert das Vieh und Frau Mimose
will auch was haben, was ein bißchen neckt —
Gott, gebt ihr doch, Gott, steckt ihr doch ein Licht
in die — ein Licht des Geistes ins Gesicht.

Die Massenjauche in den Massenkuhlen
die stinkt nicht mehr, die ist schon fortgetaut.
Die Börsenbullen und die Bänkeljulen,
die haben Deutschland wieder aufgebaut.
Der Jobber und die liederreichen Thulen,
zwei Ferkel, aus demselben Stall gesaut –
Streik? Doofe Bande! Eigenes Licht im Haus!
Wer fixt per Saldo kessen Schlager raus?

Avant! Die Hosen runter, smarte Geister,
an Spree und Jordan großer Samenfang!
Und dann das Onanat mit Demos-Kleister
versalbt zu flottem Nebbich mit Gesang.
Hoch der Familientisch! Und mixt auch dreister
den ganzen süßen Westen mitten mang –
Und aller Fluch der ganzen Kreatur
gequälten Seins in eure Appretur.

Es ist der gleiche Zivilisationshaß wie schon 1912 im kaiserlichen Berlin, wie 1916 im Etappen-Babel Brüssel, und jetzt im republikanischen Berlin der Inflationszeit. Nun könnte jemand entdecken, daß sich solche Haßgesänge von einigermaßen verwandter Tonart auch bei dem Johannes R. Becher dieser Zeit finden und vielleicht den Versuch machen, nach dem Etikett «Revolutionäre Gesellschaftskritik» zu greifen, im lyrischen Medium zwar, aber doch glühend in Haß und Anklage. Das wäre jedoch sehr voreilig und würde ungemein in die Irre führen. Soweit man Verwandtschaft konstatieren kann, ist es die lodernde, syntax-feindliche, substantivgeladene Sprache des deutschen Expressionismus. Bis etwa zur Mitte der zwanziger Jahre ist Johannes R. Becher ohne Zweifel eine der stärksten Potenzen des Expressionismus, man kann den jungen Becher (1891 geboren, also fünf Jahre jünger als Benn) geradezu genial nennen (und so hat ihn auch Benn selber einmal genannt). Dann gerät er in einem Maße in den Sog der KPD, daß der Propagandist den Dichter abwürgt. Eine herrliche Flamme erlosch und wurde zur Laterne der Partei. Einen solchen Weg hat Benn nie beschritten, früh schon stieß ihn der politische Sozialismus ab mit seinem Fortschrittsgetöse und dem Kult der Gleichheit. Das war für ihn Zivilisationsbetrieb, bei dem stets nur die Vorzeichen und Paniere gewechselt werden; das interessierte ihn nicht, weil er die Zivilisation insgesamt mit all ihren Programmen für einen Irrweg des Menschen hielt. Gesellschaftskritik fand er absurd, schon gar in Deutschland und erst recht inmitten der gesellschaftlichen Auflösung und Nivellierung, wie sie nach dem Sturz des Kaiserreichs einsetzte. Dagegen hielt er seine tragische Vorstellung vom Menschen und seinem Gang durch die Zeit, voran die Muster der großen Kulturen mit strengen, hochstilisierten Eliten, die eigentlichen Epochen der Kunst. Die Zivilisation ist kunstfeindlich, der Wohlfahrt und dem praktischen Nutzen zugetan, keine

Elite kann sich sammeln und nicht das glühende Klima des Geistes. So hatte sich Nietzsche vernehmen lassen, und so jetzt, nach Kriegsende andere Autoren (Oswald Spengler vor allem), die für ihn und den Fortgang seines Geistes wichtig wurden.

Johannes R. Becher (1927)

Gottfried Benn hat später die Blütezeit des Expressionismus auf das Jahrzehnt zwischen 1910 und 1920 begrenzt. Alles Entscheidende war in diesen Jahren entstanden. Die Kriegsjahre bedeuteten nicht unbedingt eine Unterbrechung oder gar einen Stillstand. Natürlich riß der Krieg eine fürchterliche Lücke in den Kreis der jungen Dichter und Künstler. Aber doch hat eine beträchtliche Zahl auch während der Kriegsjahre das Werk weitergeführt, so, außer Benn, etwa Georg Kaiser, Franz Werfel, Alfred Döblin, Johannes R. Becher, Kasimir Edschmid, Klabund, Kokoschka und Barlach. Daß diese Kunstbewegung, die ja nie eine Schule war und nie ein gemeinsames Programm kannte, dann so merkwürdig versickerte und verdämmerte, hatte unter vielen Ursachen sicherlich auch diese: Vernachlässigung des experimentellen Aspekts, Kompromisse mit dem Erfolg und zugunsten des Erfolgs, Politisierung schließlich. Diese war besonders ruinös. Über den Linksdrall der meisten jungen Talente nach 1918 und bis 1933 ist viel geschrieben worden, aber insgesamt noch nichts völlig Überzeugendes. Links, das hieß ja in den meisten Fällen nicht geradezu kommunistisch, und im Sinne einer proklamierten Parteizugehörigkeit waren es überhaupt nur wenige von Rang wie etwa Brecht oder Becher. Die literarische Linke im damaligen Deutschland war ja eigentlich weniger politisch links, als gewissermaßen weltanschaulich links, weniger auf praktische als auf ideale Ziele ausgerichtet. Die meisten standen irgendwie und irgendwo links, sicherlich, aber wären sie es nicht auf so vertrackt deutsche Art gewesen, wirklichkeitsblind und utopistisch versponnen, dann hätte sie der 30. Januar 1933 nicht so wie ein Donnerschlag und so ahnungslos treffen können.

Nichtsdestoweniger wurde ihre Tendenz nach 1918 schnell herrschend, sie erzwang weithin einen mehr oder minder ausgeprägten Konformismus, auch fehlte es durchaus nicht an Gesten und Zeichen einer oft ärgerlichen Unduldsamkeit. Eine nennenswerte literarische Rechte trat nur langsam und spät in Erscheinung, einigermaßen gewichtig erst gegen Ende der zwanziger Jahre; kein einziger Kopf ersten Ranges erwies sich dann in der Folge «brauchbar» für die Zwecke der NSDAP. Solche Bemerkungen dürfen freilich nicht zum Schluß verführen, es hätte damals, also wenigstens in den heute so hymnisch besungenen zwanziger Jahren, insgesamt eine deutsche Literatur im institutionellen Sinne gegeben, auch nur annähernd zu vergleichen mit der geistigen Macht der französischen Literatur. Es gab Berlin und es gab die Berliner Kritik. Sie war gefürchtet und auch gehaßt. Wer «Berlin» und «Provinz» sagte, meinte einen Qualitätsunterschied; das hatte in nicht wenigen Fällen zur Folge, daß man in Berlin schon eine gewisse Berühmtheit, in der «Provinz» — und damit bezeichnete man auch geographisch das ganze übrige Reich — noch völlig unbekannt sein konnte. Das war fast ohne Einschränkung der Fall bei Gottfried Benn. Was man heute im Rückblick seinen «ersten Ruhm» nennt, das war der Ruhm im Berlin der zwanziger Jahre, und man muß ihn etwas näher betrachten, will man erfassen, wie prekär und riskant ein solcher Ruhm sein konnte, wie immateriell und finanziell «erfolglos».

Von 1918 bis 1935, also achtzehn Jahre lang, bleibt Gottfried Benns Wohnung das Vierzimmerheim in der Belle-Alliance-Straße mit ganz wenig Unterbrechung durch kurze Reisen...

Von diesen Räumen gingen drei auf die Straße, einer in den Hof. In den Hof ergoß sich ein Musikcafé, das belauschte ich oft, entführende Weisen. Manchmal, wenn ich nachts in mein Schlafzimmer trat, ertönte die Musik. Ich öffnete das Fenster, ich löschte das Licht. Ich stand und atmete den Laut. Lange stand ich. Ich sah in die Nacht, die nichts mehr für mich barg, nichts mehr als den Dämmer meines Herzens, eines Herzens, das altert: vage Luft, Ergrauen der Affekte, wem man gibt, dem verfällt man, aber Geben und Verfallen, das war sehr weit.

In die anderen Räume fiel die Röte der Stadt. Da ich Ninive nicht sah mit seinem Grund aus Jaspis und Rubin, da ich Rom nicht sah im Arm der Antonine, betrachtete ich diese, sie trug die Mythe, die in Babylon begann. (*Urgesicht*)

In dieser Wohnung verbrachte er auch, wie bereits erwähnt, einen großen, wahrscheinlich den größten Teil der Zeit, die ein anderer bei seiner Familie verbracht hätte, hier schlief er sogar öfter als zu Hause und führte, um es ohne Umschweife zu sagen, ein völlig selbständiges Privatleben. Kam er «nach Hause» in die komfortable Wohnung in der Passauer Straße, gab er sich liebevoll und freundlich, widmete sich gelegentlich auch den Kindern und dankte es seiner Frau, daß sie ihm nie Vorwürfe machte und eine ausgezeichnete, verständnisvolle Zuhörerin war, wenn er erzählte und berichtete.

Man hat mit einer merkwürdigen Beharrlichkeit versucht, Gottfried Benn auf die Untreue, als eine seiner hervorstechendsten Eigenschaften, festzulegen. Gewiß lassen sich auch dafür Zitate und Belege aus seinen Werken und Briefen und sonstigen Äußerungen finden. Muß man daraus folgern, daß ein so außerordentlich untreuer Mann tatsächlich der Zyniker war, im Gespräch mit dem jede Reisebekanntschaft *gleich den alten Roué* witterte? Dann ist da noch eine vielzitierte Stelle aus *Die Stimme hinter dem Vorhang*:

Im Augenblick beschäftigen mich die Fehltritte in glücklichen Ehen. Treue ist ein so ungeheuer innerlicher Prozeß, daß man ihn überhaupt nicht lehren oder verkünden kann. Für die Praxis gilt meine Maxime: gute Regie ist besser als Treue. Den Partner schonen, nichts merken lassen, kein Wirklichkeitsfanatismus an die Stelle!

Aber in demselben Werk steht auch eine andere Passage, die man nicht überlesen sollte:

Haben Sie schon einmal erlebt, wie aus schwachen, fast geringgeschätzten Menschen Ihnen eine große Kraft erblüht? Sie sind verbandelt mit einer Kellnerin, bedient Gäste, unfreie Persönlichkeit, es entstehen Krisen, Spaltungen, Doppelzüngigkeiten, ja Zusammenbrüche. Und plötzlich nehmen Sie aus dieser unfertigen Hand, die Tische deckt, Geschirr ranträgt, Gläser vorsetzt, eine wirkliche Wärme, einen Zustrom entgegen, und Sie kommen weiter.

Es waren zeitlebens Frauen, die Benn Auftriebe schenkten; Männer, auch die besten Freunde, vermochten dies kaum. Das weibliche Element war ihm völlig unentbehrlich, es stand dem Mythischen näher, in Liebe wie in Grausamkeit durchbrach es immer wieder die Zivilisationsschicht. Liebe, so formulierte er einmal, ist nur ein *Surrogat für Unproduktive;* aber er als schöpferischer Mensch hat die Frau nie als Surrogat betrachtet. War ihre Rolle im Einzelfall erfüllt, dann hatte er es meist eilig, wieder seine Freiheit zu gewinnen. «Kletten» verabscheute er, bloße Bewunderinnen störten ihn. Aber stets war er als Mann diskret und schonungsvoll, auch bewahrte ihn keine *Regie* vor Reue und Gewissensbissen. Es desavouiert den *Roué*, daß ihn das schlechte Gewissen oft Tage und Wochen drückte. An physische Treue glaubte er überhaupt nicht, wohl aber an Treue zum Menschen. Es spricht zu seinen Gunsten, daß ihm eine beträchtliche Zahl überdurchschnittlicher Frauen Freundschaft und Vertrauen bewahrten, auch wenn sich die Lebenswege getrennt hatten.

Diese erste, zu früh und übereilt geschlossene Ehe bedrückte, ja, sie quälte ihn auch und verstärkte die desolate Dauerstimmung. Daß es in ihm insgesamt verzweifelt aussah, läßt sich dem Nachwort zu seinen 1922 erscheinenden *Gesammelten Schriften* entnehmen. Es ist schon ein Jahr vorher entstanden als Lebenslauf von *Gottfried Benn* und genau datiert: 19. 8. 1921.

Unmöglich, noch in einer Gemeinschaft zu existieren, unmöglich, sich auf sie zu beziehen in Leben und Beruf; zu durchsichtig die Wrackigkeit ihrer antithetischen Struktur, zu verächtlich dieser ewig koitale Kompromiß embonpointaler Antinomien . . . Ich hatte bei Montesquieu gelesen, Caligula, da er ebenso von Antonius wie von Augustus abstammte, sagte, er würde die Konsuln strafen, wenn sie den zum Andenken an den Sieg von Actium eingesetzten Freudentag feierten, würde sie aber auch strafen, wenn sie nicht feierten; und als Drusilla, der er göttlich Ehren zuteil werden ließ, gestorben war, galt es als Verbrechen, sie zu beweinen, weil sie eine Göttin war, und sie nicht zu beweinen, weil sie seine Schwester war. Dies schwebte mir vor. Hieran mußte ich denken, wenn der Zeitgenosse mir entgegentrat. In dieser Form sah ich ihn, wo immer er sich mir stellte; in dieser Linie offenbarte sich mir seine Figur. Es war die «Einerseits»- und «Andererseits»-Struktur, in der er sich bewegte, das Professionell-Diagonale zur Prophylaxe des Geschlechts. Einerseits und andererseits die verbissenste Individualität bis in den Dreck der Fingernägel und zu sozialen Kompromissen gezwungen vom Fressen bis zum Koitus, ewig diese mediokre Balance und diese generell ewig positive Latenz. Lemuren, Schemen, kreischende Mahre, um die Galoschen schlickernd das Nichts: Worte, Horatio, Blähungen der Lippe, Samen blasend ins Geschwätzige, immer wieder machte ich die Tore eng und die Türen des Geschäfts zu und ging auf Reisen, immer wieder mußte ich zurück, da ich in Europa keine Wüste fand. Ein Herr sitzt vor mir in meinem Sprechzimmer, er wendet mir seine Rede zu, die Summe von Erfahrungen eines achtbaren Lebens spielt um seine Lippe, er will bei mir Genesungssubstantive kaufen; nur Mut, mein Freund, es geht schon aufwärts, Beruhigung, Bekömmlichkeit. Ich blicke über die Straße, der Herr stäubt sich den Rock ab, es stäuben sich aber in diesem Augenblick viele Herren den Rock ab, wohin man blickt, immer dies Simultane, hin und her zwischen der Stabilisation und dem Fraglos-Weiten, zwischen Begriff und Absolutem hin und her . . .

Wie soll man da leben? Man soll ja auch nicht. Vasomotorisch labil, neurotisch inkontinent, ecce am Kadaver und ecce an der Apokalypse, Schizothymien statt Affekte, statt Fruchtbarkeit Aborte in alle Himmelsstriche, autopsychisch solitär, faulig monokol, polyphemhaft an den Hammelstücken, die ihre Beute unten tragen; am Bauch, nicht an den absoluten Graten; fünfunddreißig Jahre und total erledigt, ich schreibe nichts mehr — man müßte mit Spulwürmern schreiben und Koprolalien; ich lese nichts mehr — wen denn? die alten ehrlichen Titaniden mit den Ikaridenflügeln im Stullenpapier? Ich denke keinen Gedanken mehr zu Ende, rührend das Bild des Abendländers, der immer noch und immer wieder, und bis der Okzident in Schatten sinkt, dem Chaos gegenübertritt mit seiner einzigen Waffe, dem Begriff, der Schleuder, davidisch, mit der er um sein Leben kämpft — aber Dämmerung über die formalen Methoden, ich streife die Vorstellung einer Funktion außerhalb der Psychologie ewig latenter Antithesen — syndikalistisch-metaphys.

Diesem *Epilog*, den man in eine gewisse Beziehung setzen darf zum *Prolog 1920*, ließ Benn ein Jahr später, als die *Gesammelten Schriften* (bei Erich Reiß) erschienen, den Satz folgen: *Nun erscheinen diese gesammelten Werke, ein Band, zweihundert Seiten, sehr dürftig, man müßte sich schämen, wenn man noch am Leben wäre. Kein nennenswertes Dokument; ich wäre erstaunt, wenn sie jemand läse; mir selber stehen sie schon sehr fern, ich werfe sie hinter mich wie Deukalion die Steine; vielleicht daß aus den Fratzen Menschen werden, aber wie sie auch werden mögen: ich liebe sie nicht.*

Als dieser schmale Band erschien – heute eine kostbare Rarität für Sammler – setzte die Inflation zu ihrem Millionen- und bald darauf Milliarden- und Billionentaumel an, herrschten fast allenthalben bürgerkriegähnliche Zustände, mußte immer wieder der Ausnahmezustand für das ganze Reich verhängt werden, erfolgte durch die Maßnahmen nach der Ermordung Rathenaus der erste schwere Zusammenstoß zwischen Links und Rechts. Wenn auch die *Gesammelten Schriften* in keiner Weise ein «erfolgreiches» Buch wurden, gewannen sie doch für Gottfried Benn eine unbestreitbare Bedeutung: er wurde nun als dichterische Erscheinung faßbar, die Literaturkritik beschäftigte sich, jedenfalls in Berlin, mit ihm weit ausführlicher als bisher, er trat ins literarische Kontinuum, er blieb nunmehr ein Dutzend Jahre in der Diskussion und wurde ein Streitgegenstand im Für und Wider. Selbstverständlich gab es auch Gegnerschaft, gehässige und bösartige Stimmen.

Aber das Schicksal hat in diesem Jahre noch etwas anderes bereit. Benns Gattin Edith, gallenleidend, fährt nach Jena, um operiert zu werden – eine Schwester von ihr, Augenärztin, lebte dort und hatte alles Notwendige in die Wege geleitet. In einer Jenaer Klinik stirbt Edith Benn am 19. November im Alter von 44 Jahren. 25 Jahre später hat der Dichter in einem Brief an seine in Dänemark lebende Tochter von diesen düsteren Tagen berichtet:

Liebste Nele, es ist heute der Todestag von Mammi und es ist heute 25 Jahre her, daß sie starb, daran denke ich sehr. Ich kam am Morgen in Jena an, da mich Tante Ada am Abend vorher angerufen hatte, um mir zu sagen, daß es sehr schlecht stünde und ich fuhr die Nacht hin. Ich sprach Mammi den ganzen Tag noch und saß an ihrem Bett. Sie litt nicht, hatte keine Schmerzen und wußte nicht, daß sie starb, aber wir wußten, daß es geschehen würde. Du spieltest in Tante Adas Wohnung mit Evi, Mammi lag ja in einer Klinik. Sie war diesen letzten Tag so überaus freundlich und, ich möchte sagen, höflich und ritterlich mit mir, fragte, ob ich zu essen bekäme und gut untergebracht wäre und dachte nicht im geringsten an sich selbst –, so war sie immer gewesen. Abends um 10 Uhr starb sie in meinen Armen, Mimm und Tante Ada waren dabei. Ich fuhr dann in der Nacht nach Berlin zurück, da ich es in Jena nicht ausgehalten hätte und kam dann mit Onkel Stephan am 21. zurück und am 22. war die Beerdigung. Abends nahm ich Dich mit ins Hotel zu mir. Du trugst einen Umhang und eine kleine Kapuze, als wir beide von

Tante Adas Wohnung im Dunkel und Regen in das Hotel wanderten. Es war ein sehr schlimmer Tag und oft sehe ich noch alles vor mir. Später suchte ich auf dem Kirchhof eine andere Grabstelle, die schöner lag, freier, nicht so zwischen all den anderen Gräbern, und wir betteten den Sarg um. Ich weiß nicht, ob Du das alles weißt und darum schreibe ich Dir heute davon. (Tante Ada ist die Schwester Edith Benns, die Augenärztin, Evi ihre Tochter, Mimm die Schwiegermutter, Onkel Stephan der Bruder und Pfarrer in Sellin. D. Verf.)

Andreas wurde zunächst in das Schulinternat Niesky zurückgeschickt. Er hing sehr an seinem Stiefvater, und dieser bemühte sich, ihm wenigstens so etwas wie ein väterlicher Freund zu sein, er sorgte für ihn und brachte ihn einige Jahre später, als er erkrankte, in einer Lungenheilstätte unter; dort besuchte er ihn, so oft er nur konnte. Er war dann 1930 bei dem Sterbenden und bei der Beisetzung des Achtzehnjährigen. Die Tochter Nele wurde für einige Monate im Pfarrhaus von Sellin untergebracht und im April 1923 von einer dänischen Freundin nach Kopenhagen mitgenommen, wo sie in der Folge dann blieb und Dänin wurde.

Es gab immer Menschen, selbst aufrichtige Bewunderer des Dichters und seines Werks, für die er menschlich ein Rätsel, etwas Unbegreifliches und bisweilen sogar Unheimliches blieb. Aber man darf sich nicht nur an den Fakten orientieren, man darf ihn noch weniger an konventionellen Schablonen messen. Er selber litt gewiß manchmal noch mehr als die eigentlich Betroffenen darunter, weit härter scheinen zu müssen, als er es in der Anlage war. Manchmal versuchte er auch eine Erklärung. Dies steht in einem Brief an seine Freundin Gertrud Zenzes:

... ich wußte genau, warum Du weintest; ich habe nur oft, ja meistens so viel Mauern um mich herum, daß ich dem andern kein Verstehen zeigen mag, ich bin so hart geworden, um nicht selber zu zerschmelzen und schließlich auch sehr fremd und sehr allein. Es mag auch sein, daß ich menschliches Leid nicht mag, da es nicht Leid der Kunst ist, sondern nur Leid des Herzens. Sehe ich menschlichen Gram, denke ich: nebbich; sehe ich Kunst, Erstarrtes aus Distanz und Melancholie, aus Trauer und Verworfenheit ... denke ich: wunderschön. Vielleicht ist das Artistentum, vielleicht eine angeborene und primäre Einstellung, die hinter allem Vergänglichen das Gleichnis und hinter dem Chaotischen die Form sucht, vielleicht auch schreibe ich hier sehr oberflächlich und meine etwas ganz anderes, was zu formulieren mir im Augenblick nicht möglich ist.

Von dieser Frau nimmt er am 18. 9. 1922 Abschied:

Lieber Mungo, Du hast recht: ich soll Dich nicht so lange ohne Liebe und Freundschaft lassen. Du bist zu zart und weich dazu. Aber was soll ich tun? Zur Zeit und wie mir scheint, für eine lange Zeit muß ich allein leben und werde Dich nicht sehn. Gehn wir also auseinander mit dem Bewußtsein, daß wir uns wieder treffen werden, daß zwischen uns nichts war und sein wird als große Freundschaft,

Glück und Zärtlichkeit, so oft die Stunde schlug und wenn sie wieder schlagen wird. Wann? Vielleicht bald. Dich küßt sehr zärtlich G.

Auf der Bahnreise von Jena nach Berlin lernt Benn «die Dänin» kennen. Diese Frau wurde wichtig für ihn, ihr gelten auch einige seiner schönsten Gedichte. Aber diese wie so manche andere Liebe versickerte in den fünfzehn Jahren nach dem Tode seiner ersten Frau, bevor er wieder eine neue Ehe einging. Mehrmals trug er sich in dieser Zeit mit dem Gedanken an eine Heirat und schlug es sich dann wieder aus dem Kopf. Er selber unterschied zwischen «Schnuckchen» und Frauen, nur diese zählten. Die «Schnuckchen» jener Jahre, also die flüchtigen Beziehungen und schnell verdrängten Erlebnisse, waren übrigens durchaus nicht vom Typ der leichten Mädchen oder kleine Zufallsbekanntschaften. Es waren Schauspielerinnen, Sängerinnen, Künstlerinnen, darunter solche mit bekannten oder sogar prominenten Namen. Die einen verliebten sich in den merkwürdigen, unter vier Augen oft sehr amüsanten, keineswegs schüchternen Mann. Bei anderen war es oft bloß ungehemmte Neugier auf den «satanischen Nihilisten». Das Berlin der zwanziger Jahre war in Liebesangelegenheiten sehr libertin, der Weltkrieg hatte Konventionen und bürgerliche Vorurteile großenteils hinweggefegt, dies galt natürlich ganz besonders für die künstlerischen, überhaupt für die sogenannten intellektuellen Kreise, beschränkte sich aber keineswegs nur auf sie. Deswegen war jedoch das damalige Berlin kein Sündenbabel und keine «Hochburg des Lasters», als die es von der «Provinz» ververleumdet und parteipolitisch angeprangert wurde. In Wahrheit re-

Die «Dänin». Sie war Wagner-Sängerin und Frau eines dänischen Industriellen

gierte in Berlin nur eine größere Unbefangenheit; Mucker und Moralpauker liefen Gefahr, schnell lächerlich zu werden. Völlig verändert hatte sich auch die Stellung der Frau: im Berlin dieser Epoche galt sie auch ohne gesetzliche Legitimation als gleichberechtigt. Im ganzen war diese Atmosphäre weit weniger frivol, als man heute anzunehmen geneigt ist. Liebe und Eros standen erheblich höher im Kurs als heute, waren noch nicht annähernd so sexuell abgewertet. Dazu kam noch etwas, was später in der braunen Epoche fast völlig verdorrte: eine außerordentliche Höflichkeit des allgemeinen Umgangstons — vielleicht die einzige, echte demokratische Errungenschaft damals. Berlin hatte die höflichste Polizei und die höflichsten Straßenbahnschaffner, Kellner und Verkäufer. Und überdies war man in der Regel stolz darauf, ein Berliner zu sein; jeder Zuwanderer gab sich Mühe, den Zungenschlag dieser Riesenstadt zu erlernen und seine Mentalität der allgemeinen Großzügigkeit anzupassen. Zum ersten und — bis auf Weiteres — zum einzigen Male, geriet hier in Deutschland eine wirkliche Metropole, eine echte Weltstadt.

Das war also die Stadt Gottfried Benns, nur hier fühlte er sich zu Hause und in einem bekömmlichen Sinne ungeniert, hier tauchte er je nach Laune auf und unter, unbedrängt von Spießertum und Gemütsvertretern, es blieb für ihn «die beste aller Städte», niemand störte ihn, wenn er «seinem Affen Zucker gab», wie eine von ihm sehr geliebte Berliner Redewendung lautet.

Ein ausschweifender Mensch oder auch nur ein «Lebemann» war Benn nie. Dazu fehlten ihm nicht nur die Mittel, sondern auch der unbekümmerte Leichtsinn, ja, überhaupt die Fähigkeit, das Leben zu «genießen». Selten führte er eine Frau aus und mied teure Lokale. Noch größer war seine Abneigung, mit einer Frau zusammenzuleben, und sei es nur für kürzere Zeit. Er mißtraute seinen Gefühlen von vornherein, ihrer Bedeutung wie ihrer Dauer, er schätzte es nicht, beansprucht oder gar beherrscht zu werden. Seine Tochter berichtet: «Mein Vater war sehr anziehend. Wie jeder gute Arzt fühlte er sich augenblicklich in die Stimmung des andern ein. Er war unglaublich anregend und aufmerksam. Saß man mit ihm beisammen, ob Kind, junger Mann oder Frau, fühlte man, daß hier der Felsen war, der einen retten oder tragen konnte. Dieser liebe, ruhige, heitere und kluge Mann, dieser Gottfried Benn. Und er war wirklich all das, was man glaubte, solange man mit ihm zusammen war. Daß er nachher vielleicht nicht ganz soviel tragen wollte, war eine andere Sache. Er war so charmant, daß ich alle verstehe, die ihn liebten.»

Den Ton darf man wohl ohne jede Böswilligkeit etwas auf die «andere Sache» legen. Man pflegt gerade dadurch, daß man «nachher nicht ganz soviel tragen» will, verliebten Frauen Kummer zu bereiten. Davon machte Benn keine Ausnahme. Viele nennen und nannten ihn einen «Frauenkenner», gelegentlich hielt er sich selbst dafür. Aber gibt es das denn überhaupt, den Frauenkenner? Es gibt ihn wohl so wenig wie den «Menschenkenner». Alle Psychologie, Physiognomie und Empirie versagt vor dem ewig rätselhaften Wesen der Liebe, denn Emotionen sind nicht berechenbar und Leidenschaften der Vernunft nicht zugänglich. «On ne badine pas avec l'amour» — das gilt selbst mit der Maßgabe, daß gar kein menschlicher Schuldspruch gefällt werden kann ...

Meine Freundin, von der ich Ihnen so oft erzählte, und die ich ja im Grunde unverändert liebte, tief liebte, wie in den Jahren des Altwerdens und der schwindenden Gefühlsfähigkeit der Mann liebt, ist am 1. II. freiwillig aus dem Leben geschieden. Auf grauenvolle Art. Sie stürzte sich hier von ihrer Wohnung im 5. Stock auf die Straße und kam tot dort an. Sie rief mich an, daß sie es tun würde. Ich jagte im Auto hin, aber sie lag schon zerschmettert unten und die Feuerwehr hob den gebrochenen Körper auf. Am 7. II. habe ich sie feierlich beigesetzt. Alle meine wenigen Bekannten haben mich begleitet. Ich habe sie wie meine Frau beerdigt, auch in der B. Z. es mit meinem Namen angezeigt. Warum sie es tat, wird in vielem immer dunkel bleiben. Sie war seit November wieder hier. Ich versuchte mit ihr zu leben wie früher. Es ging, es ging auch nicht. Es war viel zwischen uns, aber immer wieder liebten wir uns sehr sanft und alles verzeihend. Natürlich starb sie an oder durch mich, wie man sagt. Sie war mir nicht gewachsen als Ganzes oder vielmehr: sie wollte mir in Dingen und an Stellen gewachsen sein oder über sein, wo sie es nicht konnte und als Frau nicht zu sein brauchte. Aber das verstand sie nicht. Sie hing an mir wie ein Kind, ich war eben alles für sie und das ist so unüberwindlich schmerzlich für mich, daß sie so an mir hing und gar nichts außer mir mehr hatte und ich sie doch nicht retten und ihr ihre Verzweiflung lindern konnte ...

Das geschah im Jahre 1929, ist also zeitlich ein Vorgriff, gehört aber doch hierher und in diesen Zusammenhang. Das Zitat stammt aus einem Briefe an Gertrud Zenzes, die zu dieser Zeit schon verheiratet in Kalifornien lebte, ohne je aufzuhören, Gottfried Benn eine menschlich verläßliche und verständnisvolle Freundin zu sein. Einige Monate später schreibt der Dichter an Frau Sophia Wasmuth, die mit ihrem Mann, dem Privatgelehrten Ewald Wasmuth, damals zum Kreis der vertrauten Freunde Benns gehörte:

... glauben Sie mir, auch Kummer ist etwas, das sich nur glückliche Leute leisten können, wir anderen müssen einfach machen, daß wir leben und zurechtkommen. Auch Kummer ist etwas, das nur in wohlhabenden Kreisen seine urbanen und vornehmen Formen wahren kann, wir anderen müssen ihn zerdrücken, dürfen ihn nur streifen in Gedanken und manchmal in trostlosen und verzweifelten Gedanken und müssen im übrigen ihn aufnehmen in das tägliche Dasein und ihn den Notwendigkeiten unserer irdischen Bindungen unterordnen. Glauben Sie nicht, daß immer eine kultivierte Pflege seines Leides der Ausdruck tieferer Erschütterungen ist als das verbissene und verbitterte Weitergehn lautlos und ausdruckslos davor, daß das Leben nun mal so ist und immer war und immer bleiben wird: etwas vor dem der erwachsene Mann nicht einmal viel Schmerzen empfindet, denn mit all diesen Affektausstellungen fühlt

man am Sinn des Lebens vorbei, fühlt man es zu eng, zu individuell, zu epileptisch. Nur wer an jeder Stunde die Klauen, die Hauer, die rostigen Nägel sieht, mit denen sie unser Herz in Stücke reißt, der hat das Leben in sich aufgenommen und steht ihm nahe und darf leben ... Da, wo Lili jetzt ist, sieht das Leben anders aus, als sie es hier sah. Dort hat Leben jene Breite, jene mörderische Indifferenz, jene unübersehbare Charakterlosigkeit, der ich mich beuge, wenn ich ohne jedes Pathos, ohne Berauschung, ohne Erwartung von Lust eine Menschenform neben mich stelle, die alles enthält, was ich von einem anderen Menschen erwarte, der kein Mann ist, aber mir beim Leben helfen soll, mit diesen zwei wunderbaren Eigenschaften: ritterlich und treu. Mehr ist nicht nötig ...

Ein produktiver Geist führt freilich nicht Schmerz und Erschütterung spazieren, treibt keinen sterilen Kult mit Kummer und Leid. Er wandelt vielmehr den Schicksalsschlag und sublimiert die Trauer in Ausdruck, in Worte, in Verse. So wird es also kein Zufall sein, daß bald nach dem Tode Lilis eines der wunderbarsten Gedichte Benns entsteht: *Du mußt dir alles geben* (Paul Hindemith hat es später vertont):

Gib in dein Glück, dein Sterben,
Traum und Ahnen getauscht,
diese Stunde, ihr Werben
ist so doldenverrauscht,
Sichel und Sommermale
aus den Fluren gelenkt,
Krüge und Wasserschale
süß und müde gesenkt.

Du mußt dir alles geben,
Götter geben dir nicht,
gib dir das leise Verschweben
unter Rosen und Licht,
was je an Himmeln blaute,
gib dich in seinen Bann,
höre die letzten Laute
schweigend an.

Warst du so sehr der Eine,
hast das Dumpfe getan,
ach, es zieht schon die reine
stille gelöschte Bahn,
ach, schon die Stunde, jene
leichte im Spindellicht,
die von Rocken und Lehne
singend die Parze flicht.

Gottfried Benn 1927. Aufgenommen von Franz Pfemfert, dem Herausgeber der «Aktion», der eigentlich Fotograf war.

Warst du der große Verlasser,
Tränen hingen dir an,
und Tränen sind hartes Wasser,
das über Steine rann,
es ist alles vollendet,
Tränen und Zürnen nicht,
alles wogengeblendet
dein in Rosen und Licht.

Süße Stunde. O Altern!
Schon das Wappen verschenkt:
Stier unter Fackelhaltern
und die Fackel gesenkt,
nun von Stränden, von Liden,
einem Orangenmeer
tief in Schwärmen Sphingiden
führen die Schatten her.

Gabst dir alles alleine,
gib dir das letzte Glück,
nimm die Olivenhaine
dir die Säulen zurück,
ach, schon lösen sich Glieder
und in dein letztes Gesicht
steigen Boten hernieder
ganz in Rosen und Licht.

Überblickt man die Jahre etwa von 1923 – Ende der Inflation im Spätherbst durch Einführung der Rentenmark – bis Ende 1932, dann ist man eigentlich versucht, der sehr verbreiteten Vorstellung des einsam, menschenscheu und kontaktlos vor sich hinlebenden Dichters zu widersprechen. Allein der Kreis der erwähnenswerten Bekannten ist geradezu enorm. Was in den Briefen und gelegentlich auch in den Schriften namentlich auftaucht, ist demgegenüber nur ein Bruchteil der Menschen, die Benn damals kennenlernte, sprach und im Gedächtnis behielt. In den vielen Gesprächen, die ich mit Gottfried Benn in den letzten Jahren seines Lebens führte, war ich immer wieder, wenn große oder irgendwie bedeutende Namen fielen, überrascht, wie oft er über persönliche Eindrücke oder interessante Züge zu berichten wußte. Selten nur ging die Initiative von Benn aus, es waren die anderen, die seine Bekanntschaft suchten. Das gelang dann meist über den einen oder anderen aus dem kleineren Kreis der Freunde und Vertrauten – es gelang manchmal auch nicht, denn Überrumpelungen mochte er nicht und gesellschaftlichen Einladungen versagte er sich meistens, oft noch im letzten Moment, telefo-

Der Schriftsteller Klabund und seine Frau Carola Neher

nisch oder mit Rohrpost. Sogar gegen sehr Befreundete äußert er sich bei derlei erstaunlich schroff, wie etwa einmal an Thea Sternheim:

Sehr verehrte Gnädige Frau, abgeneigter denn je, mich zu irgendeiner menschlichen Gemeinschaft zu bekennen, beginne ich den Winter. Dank für Ihre Invitationen, aber unmöglich. Gesellige Veranstaltungen, gemeinsamer Meinungsaustausch, Geben und Nehmen sind mir fremd. Ihre Freunde in Ehren, aber es sind nicht die meinen, ihre Worte kein Gewinn und seelische Erneuerung für mich. Es zittert immer noch in mir nach, daß Sie neulich, ohne es zu sagen, fremde Leute zu Abend einladen wollten, welche Gewalttat von Ihnen ...

Aber es war natürlich unausbleiblich, daß er durch Freunde und Vertraute wie Klabund (und dessen Frau, die schöne und erfolgreiche Schauspielerin Carola Neher), durch den Schriftsteller Carl Einstein, durch Wedderkop und den «Querschnitt»-Kreis, den Zeichner George Grosz, den Kunsthändler Alfred Flechtheim, Thea Sternheim, Tilly Wedekind, Heinz Ullstein und seine Frau Änne, den Rundfunkintendanten Hans Flesch, die Bildhauerin Renée Sintenis, den Komponisten Paul Hindemith und seine Frau Gertrud, nicht zuletzt durch den Verleger Erich Reiß sehr viele andere Menschen kennenlernte; ganz gewiß gehörten zum festen und vertrauten Kreis auch der Medizinprofessor P. S. Fleischmann und seine Frau Elsa wie der bereits erwähnte Ewald Wasmuth und seine Frau Sophia. Aber selbst die hier Genannten sind längst noch nicht alle aus dem festen Kreis; diese kleine Aufzählung soll ja nur dartun, daß ein Mann wie Gottfried Benn ein extremer Eigenbrötler und trotzdem ein Mensch mit einem beträchtlichen Freundes- und Bekanntenkreis sein kann. Sein exquisiter Ruhm trieb ihm immerfort Menschen zu. Dieser «erste Ruhm», wie man ihn heute meist nennt, war zwar wesentlich ein Berliner Ruhm. Aber Berlin war damals gewichtig genug, einen solchen Ruhm zu schaffen und zu tragen; es hätte ihn ohne die Zäsur des Hitlerreichs wahrscheinlich schon in den dreißiger Jahren bereits so weit getragen, wie es dann erst in den fünfziger Jahren geschah.

An äußeren Daten ist diese Zeit entsprechend arm. 1924 hält er sich kurze Zeit in Paris auf; 1929 wird er von dem befreundeten Kunsthändler Zatzenstein zu einer dreiwöchigen Autoreise durch Frankreich eingeladen. Auch in Dänemark war er einige Male. Aber alles in allem ist er erstaunlich wenig gereist, zum guten Teil natürlich aus materiellen Gründen, aber auch aus einer ihm eigentümlichen, beharrlichen Abwehr gegen starke Eindrücke. Wochenendfahrten in die weitere Berliner Umgebung waren häufig, die zählen aber nicht zu den Reisen. 1926 erst kann er die lästige, teure Wohnung in der Passauer Straße ganz aufgeben, den zweiten Haushalt auflösen und sich völlig in die renovierte Wohnung Belle-Alliance/Ecke Yorkstraße zurückziehen. 1928 stirbt sein langjähriger Freund Klabund; bei der Beisetzung in Klabunds Geburtsstadt Crossen an der Oder hält Benn eine wunderbare Grabrede — sie hat sich sogar durch

Der Verleger Erich Reiß

eine alte Schallplattenaufnahme erhalten. Klabund (mit seinem bürgerlichen Namen Alfred Henschke) war fünf Jahre jünger als Benn und zählte in der Mitte der zwanziger Jahre zu den gefeiertsten Dichtern. Ohne die großartige Totenrede Benns wäre er indessen heute wohl noch vergessener, als er es literarisch bereits ist. Die Rede war ein Freundschaftsakt, denn Gottfried Benn hielt nicht sonderlich viel von den Dichtungen des Verstorbenen (1926 schreibt er einmal in einem Brief: *Ich wollte, ich wäre so fingerfertig wie Klabund, der ja heute schon wieder einen «Cromwell» im Lessingtheater hervorkarnickelt*). Auch einiges Autobiographische klingt in dieser Grabrede auf:

Aus diesem Tale also, das wir heute durchfuhren, stammte Kla-

bund. Diese Hügel, dieser Strom. Als er sie zum erstenmal verließ, als Junge, um auf eine andere Schule zu kommen, begegneten sich unsere Wege. Wir waren beide auf derselben Schule, dem Friedrichs-Gymnasium zu Frankfurt an der Oder, auch in derselben Pension in der Gubener Straße, und wir dachten oft daran zurück. Wir trafen uns immer wieder in München und Berlin, unser letztes Weihnachten feierten wir zusammen, und als Klabund am 30. Mai dieses Jahres Deutschland zum letztenmal und für immer verließ, trat er die Reise mit seiner Frau von meiner Wohnung aus an. Ich kannte ihn in den Zeiten, wo er noch nichts war, und in den Zeiten des Glanzes seines Namens. Die schönsten Jahre waren wohl die, als er, bald nach dem Krieg, in Berlin in einer kleinen Straße des Südwestens wohnte, in einem kleinen Zimmer, das nur ein Fenster hatte und kein Bett; er schlief auf einem Sofa und, wenn man vormittags ihn besuchte, lag er auf diesem Sofa ganz bedeckt von Manuskripten, Zeitungen, Briefen und Journalen und arbeitete rastlos und fieberhaft, wie er sein ganzes Leben lang tat. Es waren die Jahre der zweiten Periode seiner Gedichte, seiner Romane und die Jahre, in denen ihm der Gedanke an den «Kreidekreis» kam. Es waren auch die Jahre der Krankheit, und ich ging oft zu ihm als Arzt.

Klabund war auf dem «Zauberberg», also in einem Sanatorium in Davos, gestorben, schon seit Jahren ein hoffnungsloser Moribundus. Seine Frau, die Schauspielerin Carola Neher, mit welcher Benn ebenfalls gut befreundet war, emigrierte später nach Sowjetrußland und ging in einem stalinistischen Konzentrationslager zugrunde.

Über seine Reisen nach Paris und Frankreich schrieb Gottfried Benn für den Berliner Rundfunk und die «Literarische Welt» ausgezeichnete, noch heute ungemein lesenswerte Berichte — wie er ja überhaupt ein vorzüglicher «Berichterstatter» war, wenn er sich, selten genug, dazu aufgelegt fühlte. Sogar in *Doppelleben* gedenkt er noch dieser Reisen:

Einmal, etwa um 1930, hatte ich einen Patienten, dem ich das Angenehmste verdankte, nämlich mehrere große Reisen. Er war Kunsthändler, Inhaber einer bekannten Gemäldegalerie, wir fuhren in seinem großen Horch von Berlin über Paris, Biarritz, nach Spanien, aber vor allem in Südfrankreich herum und in den Pyrenäen. Es waren Geschäftsreisen. Wir gingen dann in den kleinen Orten in die entsprechenden Etablissements, auch in Schlösser und mit besonderer Vornehmheit in einige Klöster und dann begann unsere Litanei: «Nous cherchons des antiquités surtout des Primitifs et des tableaux de grand valeur». Sah mein Bekannter dann etwas, was ihm gefiel, wovon er sich etwas versprach, und in seiner Karriere hatte er einige kostbare Trouvaillen gemacht, schlenderte er zunächst weiter durch die Räume, kritisierte dies und das, drehte dies und jenes hin und her und schließlich, schon in der Tür, sagte er, ich habe Sie so lange aufgehalten, ich will nicht ganz ohne etwas fortgehen, tun Sie mir bitte das in meinen Wagen — und wie gesagt, hin und wie-

der — er war ein großer Experte — stellten sich dann in Berlin die schönsten Seltenheiten heraus. Reisen, die ich mir nie selber hätte leisten können — unvergeßliche Tage am Atlantik, in den Monts Maudits und an der Mediterranée.

Über die Art seiner Sonntagsausflüge schrieb er einmal an Frau Hindemith:

... am letzten Sonntag fuhr ich auf dem Verdeck eines Autobusses nach Nedlitz und weiter auf einem Ausflugsdampfer an jenen Gärten vorbei, die ihre Weiden in das Wasser des Kleinen Wannsees halten, vorbei an Häusern, auf deren Dächern, blumenbetört, Tauben sich sonnten und dabei gedachte ich mancherlei. Oh, gnädige Frau, ferner habe ich manchmal die Empfindung gehabt, als ob man auf die Natur nicht direkt zufahren soll, im Vorbeigehen sieht man an ihr das Beste. Denn die Natur heute hat vielfach etwas Unnatürliches und Wind und Wetter übertreiben, wenn man etwas müde ist, gibt sie einem mancherlei. Auch ist in ihr ein Licht, das Sonnenlicht, verbreitet, das einem die Augen ungeheuer schwer macht, wenn dazu noch Gespräche kommen, kann sich ein Strom von Vernichtung durch die Persönlichkeit bewegen.

Nach Lenggries in Bayern, wo sich das Ehepaar Hindemith erholte, schrieb er ein anderes Mal:

Von Sonnabend an werde ich Ihnen um 300 km näher sein, leider nicht bis zum Nullpunkt von Lenggries. Ich fahre nach Schwarzburg in Thüringen, Hotel Weißer Hirsch. In Begleitung von Herrn Reiß, der mit einem Schrankkoffer voll 4 Decken, 3 Kissen, 5 Mänteln, 2 Heizkissen, einer Steppdecke und 4 Ersatzeinlagen für seine Hohlfüße reist. Zwei arme Junggesellen im Sturm der Zeit. Eine Woche bleibe ich, am Sonntag den 6. 9. bin ich wieder hier. Zu einem Sanatorium habe ich mich nicht entschließen können, auch nicht nötig, bin wieder voll im Gange ... Warum ich nicht nach Lenggries komme, ist eine sehr naheliegende Frage. Aber ich habe so über alle Maßen das Bedürfnis, eine Woche lang nicht zu reden und für mich zu sein, zu schlaksen und zu dösen. Reiß ist kein Gegengrund. Er mit seinen Hohlfüßen kann nicht gehen, ich bin den ganzen Tag allein, abends sitzt er als Kümmerer da und läßt sich anreden und steht Antwort und Rede, wenn ich es wünsche. Das ist die Situation, die ich gerade brauche ...

Entstehung eines Werkes

Der Briefwechsel mit Paul Hindemith ist von besonderem Interesse, weil er großenteils der damaligen Zusammenarbeit Benns mit dem Komponisten bei dem weltlichen Oratorium «Das Unaufhörliche» gilt, für das der Dichter den Text schrieb (uraufgeführt am 21. 11. 1931 unter Otto Klemperer in der Berliner Philharmonie). Es war sein erster Versuch einer solchen Art und blieb in der Folge auch der einzige. Leider, muß man sagen, denn das im Nachlaß gefundene

Paul Hindemith (1930)

Textfragment zu einer Art Oper, die ebenfalls Hindemith angeregt hatte, enthält bewundernswerte Partien (es ist wahrscheinlich wegen der Ereignisse des Jahres 1933 nicht weiter ausgeführt worden).

Am 8. Juli 1930: ... *Ihre Aufforderung, nun einen Text zu machen, der für Sie in Betracht käme, ist für mich sehr ehrenvoll und der Gedanke regt mich auch an. Aber ich bin im Augenblick körperlich und geistig so ermüdet und ohne Spannung, daß ich an keine Arbeit denken kann ...*

Am 29. Juli: ... *daß mir Ihre ... Aufforderung nun doch einige Male durch den Kopf gegangen ist, und ich versucht habe, eine Art Text von geringem Umfang und ohne jede Prätention zu verfassen, den ich Ihnen ... gleich ... mitsende. Dieser Text, genannt «Das Unaufhörliche», ist kein Lehrstück, sondern mehr eine Dichtung. Der Name soll das unaufhörliche Sinnlose, das Auf und Ab der Geschichte, die Vergänglichkeit der Größe und des Ruhms, das unaufhörlich Zufällige und Wechselvolle der Existenz schildern, vielmehr lyrisch auferstehen lassen ...*

Am 2. August: ... *Ich bin nahezu ergriffen, daß Sie auf meinen tastenden Versuch in den luftleeren Raum in einer für mich so belehrenden und weiterführenden Weise antworten. Für mich wäre nun sehr wichtig zu hören, wie lang ungefähr nach Ihren Gedanken und Plänen der Text sein müßte, von den Schreibmaschinenseiten, die Ihnen vorlagen, wie viele? Das muß ich wissen, um gruppieren zu können. Dann will ich versuchen, anhand Ihrer Anleitung meine geistigen Fähigkeiten zu prüfen ...*

Am 29. Oktober: ... *Ich werde ... aus äußeren und inneren Gründen, nicht dazu kommen, jetzt meinen Text für Sie zu schreiben. Als ich neulich jenen reizenden Abend bei Ihnen war, stand mir alles bei unserer Unterhaltung so gegenständlich vor Augen, aber seitdem ist es mir völlig verschwunden. Ich bin im Augenblick mit so gegensätzlichen Dingen beschäftigt, daß ich nicht dorthin zurückfinde ...*

Am 25. November: *Nehmen Sie es bitte nicht als Zudringlichkeit, wenn ich heute nochmals auf das Ihnen im Juli zugesandte Manuskript zurückkomme. Ich habe es mir in letzter Zeit noch mal vorgenommen, um es zum mindesten dichterisch zu verbessern und zu ergänzen und dabei befiel mich wieder der Gedanke, ob nicht doch daraus ein Motiv für Sie oder vielmehr für eine gemeinsame Weiterarbeit von uns beiden möglich wäre. Ich sende Ihnen also das Ganze nochmals zu ... (Die Dichtung an sich braucht uns dabei gar nicht zu stören, der verschaffe ich schon innerhalb der Literatur Geltung, soweit sie es erwarten kann.) ...*

Am 6. März 1931: *... es täte mir schrecklich leid, wenn ich Ihnen durch meine Texte innere Schwierigkeiten, musikalischer oder weltanschaulicher Art, machte. Bitte äußern Sie sich doch ganz offen. Ich will alles gern ändern, statt Ihnen hartnäckig oder dickköpfig zu erscheinen. Ich finde unsere Zusammenarbeit so nett und interessant, daß ich sie nicht belasten möchte ...*

Am 22. Mai: *... überfalle ich Sie mit neuen Textstücken. Nämlich 1) die von Ihnen vorgeschlagene «zynische» Figur. Ich habe sie mehr als den flachen Intellektualisten beschrieben, den Relativisten, den Nebbich-Typ, der um uns ist, wir führen also den Relativisten in die Musik ein, der Herausgeber der «Neuen Rundschau», Rudolf Kayser, Schwiegersohn von Einstein, wird es mir nie verzeihen. 2) den Knabenchor, der sich an diesen Solisten anschließen soll. Dieser Chor nun hat seine Haken. Er ist literarisch gut und wuchtig, aber er ist gereimt ... Stört Sie das direkt? ... Die Frage ist mir insofern bedeutungsvoll, als ich ja nach wie vor die vier letzten Schlußreihen auch genau so wie diese Knabenchorstrophe gliedern möchte, nur die letzten vier Reihen, das Vorhergehende ungereimt wie bisher ... Können Sie nicht ein geniales Mittel finden, das zu ermöglichen, natürlich können Sie es, «Freude, schöner Götterfunken» reimt sich ja auch, ich habe gerade einen Ausschnitt der «Neuen Badischen Landeszeitung» geschickt bekommen, wo etwas von Ihrer mozartschen Fülle und Ihrer Frankfurter Wiege drinsteht, also müssen Sie auch Gereimtes komponieren können! Nun fehlen also noch das Individualisten-Terzett und der Schlußchor. Das Terzett zwischen den Einleitungschören und den Relativisten, nicht? ...*

Am 12. Juni: *... ich habe mich jetzt mal mit dem Terzett beschäftigt und sende Ihnen einen Entwurf. Ich muß ja immer erst eine Finte schlagen, um Sie hervorzulocken, damit ich sehe, auf was Sie reflektieren. Es ist also ein Individualterzett. Einzelnes werden Sie vielleicht verwenden können, sagen Sie bitte, was ...*

Am 14. Juni: *... die Tenorarie ... Sie ist vielleicht sehr einfach in bezug auf Reim und Form, und Sie könnten sagen, sie gehöre eher zum Trompeter von Säckingen. Aber sie wäre mal was anderes in dem Oratorium, eine neue Note, eine weiche populäre Waldhornkantilene und ihr Inhalt ist insofern aktuell, als sie zum Thema hat den Übergang von der Land- zur Stadtbevölkerung, der sich in unserem Zeitalter abspielt, den wir alle empfinden und der uns* *veranlaßt, sonntags in den Spreewald, in den Ferien nach Thüringen zu fahren, um an den abhanden gekommenen Brüsten der Natur zu spielen. 1870: 65% der deutschen Bevölkerung Landbewohner, heute: 30% (Lyrik mit Statistik). Diese Arie stammt aus einem anderen Entwurf zu dem Terzett, in dem ich jeden der drei Solisten eine eigene Partie singen ließ, aber Sie meinten ja, alle zusammen wäre besser... Armer Chef, der Sie noch so viel komponieren müssen, während ich mit dem Dichten nun fertig bin!!*

Eine so gut in allen Phasen belegte Entstehungsgeschichte eines Werkes in ebenbürtiger Zusammenarbeit mit einem anderen ist nur sehr selten anzutreffen. Natürlich bedauert man, nicht auch die dazugehörenden Hindemith-Briefe zu kennen. Aber auch so vermag man sich leicht vorzustellen, wie gütig und listig zugleich der große Komponist daran ging, zunächst einmal überhaupt den überskeptischen, nicht um Ausflüchte verlegenen Dichter zu interessieren, zu faszinieren und gewissermaßen auf Touren zu bringen. Ein paarmal versucht Benn zu entwischen und erliegt doch wieder dem freundschaftlichen Prömmeln des Komponisten. Dann werden plötzlich geradezu die Rollen vertauscht, und der Dichter ist es, der um den Komponisten wirbt und mit Komplimenten und Schmeicheleien antreibt. Hindemith hatte Benn im Jahr zuvor den Klavierauszug der Oper «Cardillac» mit einer freundschaftlich provozierenden Widmung geschenkt. Gottfried Benn hatte auch Hindemiths Oper «Neues vom Tage» gesehen und fand sie *ganz wunderbar anregend und bedeutend* (es war dann, nach 1933, bekanntlich nicht zuletzt gerade diese Oper, aus der man Hindemith einen Strick drehte und ihn in die Emigration trieb). Seiner ganzen Kunstanschauung nach mußte Benn einem solchen Unternehmen eigentlich ablehnend gegenüberstehen; daß er sich dann trotzdem darauf einließ und im weiteren Verlauf sogar merklich enthusiastisch mit-

arbeitete, kann durchaus die Vermutung wachrufen, er habe in dem neuen Medium auch eine Wirkungsmöglichkeit nicht so sehr für seine Dichtung, als für seine Ideen oder sogar seine «Botschaft» erhofft. Dafür spricht auch, daß Benn für das Programm des Oratoriums eine ausführliche Einleitung schrieb. Darin heißt es u. a.:

Was ergibt sich nun aus dieser Lehre? Das Unaufhörliche, mit Tag und Nacht genährt, in seinem Lauf durch Milchstraßen und Jahrmillionen über Individuen, Völker, Rassen und Kontinente hinwegschauend — wie soll man ihm begegnen? ... Wo steht er, wie verfährt er, wie hilft er sich in dieser Zeit, in der alle bisher gültigen, mit historischer Rechtfertigung versehenen Umgrenzungen des Ich, nämlich Individualitätslehre, Staat, Abendländischer Kulturkreis, zu fallen scheinen; wie verfährt dieser trotz aller Biologie und Analyse immer noch unverändert rätselhafte, irrationale und unauflösbare Mensch? Es wird sich vielleicht für ihn nichts anderes finden lassen, als was der Knabenchor zum Ausdruck bringen soll: daß nicht das Fleischliche, nicht Fraß und Paarung, für den Menschen der Triumph des Lebens ist, sondern daß trotz allen Geweses unserer Tage um das Materielle, um Komfort und Hygiene, Tempo, Rekord, Überwindung von Zeit und Raum, es innere Leistungen sind, für die wir das Bewußtsein eingeprägt erhielten, für Kräfte der Ordnung und des individuellen Verzichts. Es wird sich keine andere Perspektive finden lassen, kein anderer Ausweg aus Leben und Tod, als daß sich das Individuum wie die ganze menschliche Gemeinschaft immer wieder des unauflösbaren mythischen Restes ihrer Rasse erinnert und sich der Schöpfung übereignet, ihrem großen Gesetz, dem Unaufhörlichen.

Selbst bei oberflächlichem Hinhören wird hier eine antimaterialistische Tendenz deutlich, eine antifortschritt-

Paul Hindemith und Gottfried Benn (1932)

liche und antisozialistische. An einer früheren Stelle dieser Einleitung steht sogar: *Aber das Unaufhörliche ist nicht nur ein dunkles Prinzip, es zieht auch noch alles Dunkle an sich heran, es ist nicht optimistisch, es will nicht im Wohlstand leben, wo es angenehm ist ...* Ein sarkastisches Zitat aus den Songs der «Dreigroschenoper»; Benn hat es gewiß nicht zufällig benutzt. Seit 1928 stand im Theater am Schiffbauerdamm Bertolt Brechts «Dreigroschenoper» auf dem Spielplan, enthusiastisch von einem Publikum applaudiert, dem in diesem Theaterstück Haß und Krieg angesagt wurde; im Ensemble wirkte übrigens auch die mit Benn befreundete Carola Neher an prominenter Stelle mit. Benn und Brecht empfanden sich damals schon scharf antipodisch.

Zum weiteren Schicksal des Oratoriums: die Uraufführung im November 1931 wurde zwar verhältnismäßig freundlich aufgenommen und wenigstens von der Berliner Presse mit Respekt besprochen, aber das Werk vermochte sich in dieser bereits sehr aufgewühlten, von politischen Leidenschaften geschüttelten Zeit nicht mehr durchzusetzen. Zur Uraufführung gibt es einen Brief Benns an Ewald Wasmuth vom 17. Dezember 1931:

... Ich kann Ihre Schrift nicht lesen ... entziffere sie nicht. So schade! Hätte mich so sehr interessiert, was Sie zu der Aufführung sagten! Die Sache hat mich sehr beschäftigt, die Sinnlosigkeit nämlich, gute Texte für Musik zu versuchen, das geringe Verständnis für Wortkunst, die direkten injurialen Anwürfe der Provinzpresse, der Fehlgriff im Grunde, mich der Musikwelt und Kritik zu stellen, die für mich nicht, für die ich nicht zuständig bin. Hindemith will nun dringend mit mir weitermachen, eine Oper, aber ich kann mich nicht entschließen. Die Musik würde doch wieder die Situation äußerlich und innerlich beherrschen, und schließlich kann ich ja meine Verse oder Gedanken allein an den Mann bringen ohne Musik ...

Kunst und Staat

Die Praxis ist mikroskopisch klein, nahezu unsichtbar, uneinträglich, degoutant, klagt er schon 1926, aber er muß doch ausschließlich von diesen schmalen und schwankenden Einkünften leben, und *von morgens 8 Uhr an höflich und nichtssagend seine Schmutzfinken von Patienten empfangen.* Immer lebte er *im nahen Umgang mit Gerichtsvollziehern, aber sie waren menschlich.* 1927 schreibt er («Kunst und Staat») sehr Aufschlußreiches über seine wirtschaftliche Existenz:

... Was mich angeht, so lebe ich ausschließlich von einem gewerblich erworbenen Einkommen, meine künstlerischen Arbeiten haben mir, wie ich gelegentlich meines vierzigsten Geburtstages berech-

Dr. Benn in seinem Sprechzimmer, Belle-Alliance-Straße (um 1928)

nete, im Monat durchschnittlich vier Mark fünfzig, während eines Zeitraumes von fünfzehn Jahren eingebracht. Einen Versuch, mich wirtschaftlich zu verbessern, will ich im folgenden schildern und daran einige Fragen allgemeiner Art knüpfen.

Ich habe seit zehn Jahren eine Praxis für Haut- und Geschlechtskrankheiten in Berlin. Die Geschlechtskrankheiten gehen, wie allgemein bekannt, auffallend zurück. Die Syphilis verschwindet infolge des Salvarsans aus Europa, wie die großen Seuchen des Mittelalters daraus verschwunden sind. Die Gonorrhöe hängt eng zusammen mit allgemeinen Weltanschauungsstimmungen, sozialen und erotischen, sie ist, kann man sagen, eine Folge von Idealismus, das heißt unterlassener Desinfektion, auch sie hat ihren Höhepunkt überschritten. Außerdem ist es der Zug der Zeit, den frei praktizierenden Arzt zu antiquieren: das kommunale Forum ist es, das die Behandlung übernimmt, das Gesundheitswesen, sogenannte Prophylaxe, dringt mit Fürsorge- und Beratungsstellen vor gegen ein Jahrhundert der Sprechzimmerintimitäten; es ist die Epoche der internationalen Vertrustungen unter Staatsaufsicht, die die Pferdestärkenversicherung des Individuums als sozialisierten Keimträgers und Kalorienstapels aufzieht bis zu einem Grade von Fliessanierung der taylorisierten Muskelplastik vom Anlegen an die indexberechnete Mutterbrust bis zum drei Tage nach der Beisetzung an die Kommune rücklieferbaren Einheitssarg.

Dies vor Augen, unternahm ich Schritte, meinem Untergang entgegenzuarbeiten. Ich sagte mir, in der Metropole gibt es authentisch, und wird es in jedem Jahr mehr geben, städtische Arztstellen: Schularzt, Polizeiarzt, Fürsorgearzt und so weiter, wo man vormittags arbeitet, festes Gehalt bekommt, eine Grundlage seiner Existenz hat, günstige Stellen mit Zeit für eigene Belange, man muß nur hingelangen, dann fällt dieser Drei- oder Fünfmarkverdienst fort, diese Kassenbons, dies Aus-der-Hand-in-den-Mund-Leben, man ist nicht untüchtiger als der andere, man muß es versuchen, und ich wandte mich an eine Persönlichkeit, die Stellen zu besetzen hat.

Ich sagte ungefähr folgendes: Herr Professor, Sie kennen mich von früher, Sie wissen, daß ich arbeiten kann. Wenn ich Gehalt beziehe, arbeite ich mehr, als es wert ist, ich schnorre nicht. Meine Ausbildung ist ersten Ranges, nur an Universitätskliniken erfolgt, ich nehme es in meinem Fach mit jedem auf. Ich habe keinen Ehrgeiz, ich will nicht Karriere machen, ich will niemanden verdrängen. Ich möchte eine Stellung mit festem Einkommen, damit ich etwas mehr für mich arbeiten kann. Ich bin über Vierzig und habe nie in meinem Leben länger als vierzehn Tage Ferien machen können, ich möchte auch einmal vier Wochen verreisen und doch am Ersten meine Miete zu bezahlen wissen.

Der Professor antwortete etwa folgendes: Ich habe mich nach Ihnen erkundigt und der Schriftsteller B. hat sich günstig über Sie und Ihre Verwandten ausgesprochen. Ich persönlich habe nicht viel Veranlassung, Ihnen eine Stelle zu verschaffen, aber — und nun seine

Worte: «Wenn Sie anständig und pflichttreu arbeiten wollen, können Sie in Betracht gezogen werden.»

Das klang nicht nach Florenz, auch hatte ich dem Staat in Krieg und Frieden gedient, auch war ich nicht vorbestraft, aber ich wartete nun auf den Betracht, in den ich gezogen werden sollte. Der Betracht war folgender: eine Tätigkeit außerhalb meines Spezialfachs, fünfviertel Bahnstunden von Berlin, dann in sechsstündiger Arbeitszeit zweitausend Kinder ärztlich zu versorgen, nachmittags wieder fünfviertel Stunden Vorortbahn zurück, täglich um sieben aufstehen und allnächtlich in Bereitschaft, die Tour nochmals machen zu müssen und das alles für ein Gehalt, von dem ich nicht leben konnte. Aber während ich noch über Einzelheiten verhandelte, wurde ich ohne Angabe von Gründen fallengelassen, die Amtsstelle verstummte, der Professor schwieg. So endete mein Vorstoß in die Kommune, so endete meine Hoffnung auf die Metropole, das Kulturzentrum meines Vaterlandes, von der ich keine Wohltat erbat, sondern Arbeit im Rahmen dessen, was ich gelernt hatte und konnte.

Aus diesem biographisch so wichtigen Aufsatz sei gleich noch ein Absatz zitiert, weil er für das Verständnis kommender Ereignisse von erheblichem Belang ist:

Es ist schwierig, in die Problematik der Kunst und ihrer Stellung einzudringen, da sie die Problematik der geschichtlichen Bewegung an sich umschließt, ihrer Regungen, ihres Charakters und ihres Untergangs. Es ist schwierig, in diese Problematik einzudringen, da es, wie bekannt, eine grundlegende Soziologie der geschichtlichen Bewegung nicht gibt. Immer wird die kollektivistische Hypothese der individualistischen gegenüberstehen, immer die Theorie vom Sichtbarwerden allmählicher Veränderungen beim Reifwerden der Umschichtung der des Führers, des großen säkularen Typs, in dem das Besondere und das Allgemeine magisch koinzidiert. Aber von wo immer man sich dem Phänomen des historischen Prozesses nähert, ob mit der synoptischen oder mit der kausalgenetischen Methode, ob man das Einheitliche betont oder das Katastrophale, eines wird sich wohl beschreiben lassen, wenn man die Beziehungen überdenkt: erhielte sich ein Staat durch Straßenbeleuchtung und Kanalanlagen, wäre Rom nie untergegangen —: immanente geistige Kraft wird es wohl sein, die den Staat erhält, produktive Substanz aus dem Dunkel des Irrationalen. Und hier könnte die Stelle sein, wo es politisch wird: das an sich nihilistische Problem der Kunst.

Polemisches Wetterleuchten

Eine Konfrontation von Kunst und Politik gab es jedoch vorerst in ganz anderen Gefilden und zwar in einem Zusammenhang, wo es wesentlich um eine Politisierung der Kunst ging. Im Jahre 1928 war Gottfried Benns *Gesammelte Prosa* erschienen. Diesem Buche widmete der Lyriker Max Herrmann-Neisse im Juli 1929 in der (übrigens sozialistisch ausgerichteten) Literaturzeitschrift «Die neue Bücherschau» eine begeisterte Besprechung. Darin hieß es u. a.: «Es gibt auch in dieser Zeit des vielseitigen, wandlungsfähigen Machers, des literarischen Lieferanten politischer Propagandamaterialien, des schnell fertigen Gebrauchspoeten, in ein paar seltenen Exemplaren das Beispiel des unabhängigen und überlegenen Welt-Dichters, des Schöpfers eines nicht umfangreichen, aber desto schwerer wiegenden Werkes, das mit keinem anderen zu verwechseln ist. Es gibt neben dem keß intellektuellen Publikumsliebling, dessen Vokabularien, snobistische Allüre, zu Nichts verpflichtender Radikalismus leicht eingehen, den wirklich, naturhaft selbständigen Geist, dessen urwaldblühender Nihilismus in Wort und Logik ganz von neuem beginnt, mit dem Abbruch überkommener Begriffe, dem Aufbau origineller Tropen. Es gibt Gottfried Benn.»

Dem Redaktionskomitee gehörten nicht nur Sozialdemokraten, sondern als Vertreter des Kommunismus auch Johannes R. Becher und Egon Erwin Kisch («Der rasende Reporter») an. Diese erklärten nun demonstrativ ihren Austritt aus dem Komitee. Sie begründeten diesen Schritt auch. Becher schrieb: «Der Aufsatz Max Herrmanns über ‹Benns Prosa›, diese Bekenntnisse einer schönen Seele, vertritt Auffassungen, die wir jahrelang bekämpft haben und die auf einmal von neuem propagiert werden. Auf diesen Seiten tobt sich der Literatendünkel wirklich in seinen widerwärtigsten Formen aus.»

Bei Kisch hieß es: «... für uns hat der literarische Lieferant politischen Propaganda-Materials turmhoch über dem überlegenen Weltdichter zu stehen, über allen Benns und Stefan Georges. Es wäre Sache der Redaktion gewesen, Max Herrmann-Neisse auf eine klarere Formulierung aufmerksam zu machen.»

Diese Austrittserklärungen wurden im Septemberheft der Zeitschrift veröffentlicht, und der leitende Redakteur, Gerhart Pohl, schrieb einen ausgezeichneten Artikel dazu, sowohl klärend wie — unvermeidlich — auch provozierend. Es heißt darin: «Was Eure Partei tut, geschieht oft — wie könnte es anders sein im Politischen — aus taktischen Erwägungen. Und hier beginnt Euer Dilemma: wo Ihr sprechen möchtet, müßt Ihr manchmal schweigen. Ihr wißt, in diesem Streite steht ein Schuft gegen einen Ehrenmann. Ihr dürft den Schuft nicht angreifen, weil er noch Eurer Partei angehört. So werdet Ihr mitschuldig an Vergehen.» Zur weiteren Illustration verweist Gerhart Pohl auf den Fall Trotzki — geächtet für alle Parteikommunisten, für jeden unabhängigen sozialistischen Schriftsteller aber auch weiterhin einer der klarsten Köpfe und ein großer sozialistischer Schriftsteller.

Im Oktoberheft kamen dann zwei weitere Zuschriften: noch eine von Kisch als Polemik gegen Pohl und Benn, eine andere von Gottfried Benn — Gerhart Pohl hatte ihn aufgefordert, sich selbst zu dem Fall zu äußern. Es lohnt sich noch heute, den Aufsatz Benns *Über die Rolle des Schriftstellers in dieser Zeit* zu lesen, denn er enthält trotz aller Anlaß- und Zeitgebundenheit Partien, die für seine gesamte

Denkungsart wichtig sind. Benn hat zeitlebens nicht ungern, bisweilen sogar mit merklicher Lust polemisiert; daß mit ihm nicht gut anzubinden war, bekamen Becher und Kisch nachdrücklich zu spüren. Dann fährt er fort:

Egon Erwin Kisch,
der «Rasende Reporter» (1930)

Aber verlassen wir die Personen, betrachten wir die Sache. Becher und Kisch gehen davon aus, daß jeder, der heute denkt und schreibt, es im Sinne der Arbeiterbewegung tun müsse, Kommunist sein müsse, dem Aufstieg des Proletariats seine Kräfte leihen. Warum eigentlich? Soziale Bewegungen gab es doch seit jeher. Die Armen wollten immer hoch und die Reichen nicht herunter. Schaurige Welt, kapitalistische Welt, seit Ägypten den Weihrauchhandel monopolisierte und babylonische Bankiers die Geldgeschäfte begannen, sie nahmen zwanzig Prozent Debetzinsen, Hochkapitalismus der alten Völker, der in Asien, der am Mittelmeer. Trust der Purpurhändler, Trust der Reedereien, Import-Export, Getreidespekulation, Versicherungskonzerne und Versicherungsbetrug, Fabriken mit Arbeitstaylorismus: der schneidet die Röcke, der näht die Röcke, Mietswucher, Wohnungsschiebungen, Kriegslieferanten mit Befreiung der Aktionäre vom Heeresdienst – schaurige Welt, kapitalistische Welt und immer die Gegenbewegungen: mal die Helotenhorden in den kyrenischen Gerbereien, mal die Sklavenkriege in der römischen Zeit, die Armen wollen hoch und die Reichen nicht herunter, schaurige Welt, aber nach drei Jahrtausenden Vorgang darf man sich wohl dem Gedanken nähern, dies alles sei weder gut noch böse, sondern rein phänomenal ... wie kann ich denn verpflichtet sein, mich einem Prozeß zuzuwenden, dessen ideologische Aufmachung ich als erkenntniswidrig empfinde ...? Nein, mir kommt der Gedanke, ob es nicht weit radikaler, weit revolutionärer und weit mehr die Kraft eines harten und fiten Mannes erfordernder ist, der Menschheit zu lehren: so bist du und du wirst nie anders sein, so lebst du, so hast du gelebt und so wirst du immer leben. Wer Geld hat, wird gesund, wer Macht hat, schwört richtig, wer Gewalt hat, schafft das Recht. Die Geschichte ist ohne Sinn, keine Aufwärtsbewegung, keine Menschheitsdämmerungen, keine Illusionen mehr darüber, kein Bluff . . . Diese Lehre scheint mir weit radikaler, weit erkenntnistiefer und seelisch folgenreicher zu sein als die Glücksverheißungen der politischen Parteien. Ja, es erscheint mir geradezu angebracht, nach den zehn Jahren, die wir hinter uns haben, und nach allem, was man aus Rußland hört, dem einmal ins Gesicht zu sehen: dem Typischen des proletarischen Prozesses, der Immanenz des revolutionären Schocks, dem reinen Umschichtungscharakter der neuen Machtlage bei gleichgebliebener imperialistischer und kapitalistischer Tendenz. Aber dazu gehört natürlich mehr Mut, als den Nachklängen der französischen Revolution zu lauschen, sich mit den Spätfarben des Darwinismus zu drapieren, die Zukunft zu belasten und Träume zu beschwören, die doch andere verwirklichen sollen. Denn die Herren, von denen wir ausgingen, die schreiben doch höchstens Gedichte und Feuilletons, die Visage hinhalten wenn es losginge, das müssen doch die Trimmer, die Kumpels, die Proleten, während jene die Anfeuerung besorgten aus ihren Etagenwohnungen oder ihrem Luftkurort. Die Völker und ihre politischen Führer! Die Völker, die jeden bespeien und kreuzigen, auch wenn sie ihn später als ihren Retter rufen, sei es Christus, sei es Clemenceau. Die Führer, die nichts um ihres Volkes willen tun, alles nur aus Eitelkeit, aus Machtgier, im idealsten Fall aus Fanatismus zu einer fixen Idee. Erblicken Sie irgendeinen Sinn darin, zu ihnen überzugehen? . . . Natürlich höre ich die große Frage der Zeit: Ich oder Gemeinschaft, Hingabe an den sozialen Verband oder Selbstgestaltung, Politisierung oder Sublimierung, wie weit ist es erlaubt, sich abzusondern, sich zurückzuziehen, seiner Aristokratie zu leben, sich auf die Spitze zu treiben — aber ich habe keine andere Antwort darauf als die, die das Dasein mich lehrte: es ist alles erlaubt, was zum Erlebnis führt. Einziges Kriterium der Wahrheit und Sinns! Ob es allgemeingültig ist, steht nicht bei mir . . .

Den größten Teil dieser Polemik gegen Becher und Kisch übernimmt Benn ein Jahr später in seinen Rundfunkdialog *Können Dichter die Welt ändern?*. Dieser Dialog ist, wie sich erweisen sollte, noch zusätzlich provozierend für die «literarische Linke» durch jene Antwort, die er dem Dialogpartner erteilt, als ihn dieser fragt, ob der Dichter zusehen darf, wenn in Berlin 36 000 offene Tuberkulöse leben und 40 000 Frauen jährlich in Deutschland an den Folgen eines verbotenen Eingriffs sterben. Darauf antwortete Benn:

Ich zögere nicht einen Augenblick: ja, da sieht der Dichter zu. Nicht der, der die Zivilisationslektüre verfaßt und für den Abend die geistigen Vorwände für die Kulissenverschiebungen, der beim Bankett neben dem Minister sitzt, die Nelke im Frack und fünf Weingläser am Gedeck: der unterschreibt Aufrufe gegen die Notstände der Zeit. Aber der sieht zu, der weiß, daß der schuldlose Jammer der Welt nie-

Heinrich Mann an seinem 60. Geburtstag (27. März 1931)

mals durch Fürsorgemaßnahmen behoben, niemals durch materielle Verbesserungen überwunden werden kann. Hygienische Wunschträume kurzbeiniger Rationalisten: hab Rente im Herzen und Höhensonne im Haus ...

Man kann sich dabei wie im folgenden nicht ganz dem Eindruck entziehen, als lege Benn es förmlich etwas darauf an, den Parnaß der Linken zu ärgern und zu verhöhnen. Er wußte selbstverständlich, daß sich seine Sentenzen gegen die sozial oder kommunistisch engagierte Literatur in diesen Jahren des wachsenden Massenelends nicht gerade gefällig anhörten. Wenn er es auch manchmal erreichte, die Engagierten aufs Empfindlichste zu treffen und ihre sozialen Fortschrittsphrasen zu zerpflücken — er schuf sich auch Gegner dort, wo

Der Verleger Heinz Ullstein

er sie gar nicht vermutete, die dann nur auf eine passende Gelegenheit lauerten, dem wortgewaltigen «Ästheten» eins auszuwischen. Eine Blöße solcher Art schien sich zum Beispiel Benn durch die Art und Weise zu geben, wie er am 28. März 1931 in einer Rede auf dem Festbankett des Schutzverbandes deutscher Schriftsteller den 60. Geburtstag Heinrich Manns feierte.

Hier muß zuerst vorausgeschickt werden, daß Gottfried Benn von Jugend an bis zu seinem Tode ein Bewunderer Heinrich Manns war – allerdings nur von dessen erster Schaffensperiode (vor allem die in Italien spielenden Romane wie die Trilogie «Die Göttinnen», der Roman «Die kleine Stadt», Novellen und einige literarische Essays). Warum Benn den Heinrich Mann dieser Werke – nur diesen – so ausnehmend verehrte und selbst nach 1945 beharrlich in Schutz nahm, das kann man in dieser Geburtstagsrede und vielen anderen Erwähnungen nachlesen. Er erblickte in dem Schöpfer dieser Werke einen Artisten, der in sich die Qualitäten Flauberts und d'Annunzios vereinigte und der sublimen Artistenbotschaft Nietzsches ausnehmend zu entsprechen schien.

Die persönliche Bekanntschaft mit Heinrich Mann war durch Heinz Ullstein vermittelt worden. In dem überaus lesenswerten Erinnerungsbuch Heinz Ullsteins («Spielplatz meines Lebens», Kindler Verlag, München, 1961) berichtet der Verfasser:

«Heinrich Mann und Gottfried Benn habe ich miteinander bekannt gemacht, und die Begegnung zwischen beiden war für mich ein großes Erlebnis. Ich hielt unzweifelhaft Gottfried Benn für den überragenderen und den bedeutenderen Geist. Wenn beide im kleinen Kreis beisammen saßen, unterschieden sie sich nicht sonderlich. Aber in einem größeren Kreis wurde der Unterschied deutlich. Da stand der weltmännisch gewandte, völlig überlegene Heinrich Mann, immer auch vom äußeren Glanz des Ruhmes besser angestrahlt, dem Mann gegenüber, der wunderbare Gedichte machte und Essays schrieb, von denen Heinrich Mann nicht eine Zeile fertig bekommen hätte, ergeben angewärmt vom Glanz des Ruhmes des Berühmteren und höher Geborenen.

Wenn Benn nicht allein, oder wenn er im vertrauten Kreis war, verließ ihn nie sein spöttisches Lächeln. Da stand er und rieb, wie es seine Gewohnheit war, die Fingernägel aneinander. Heinrich Mann nahm die Politik ernst. Benn nicht ... Übrigens bereitete es mir seiner Zeit Genugtuung, daß ich durch Heinrich Mann die Aufnahme Gottfried Benns in die Dichterakademie erwirken konnte.»

Die Vermutung, die Dieter Wellershoff in seiner sehr gediegenen Benn-Studie äußert, ist bestimmt zutreffend:

«Benn sah sich umgeben von lauter Gesinnungsliteraten und politischen Bilderstürmern, er sah vor allem Heinrich Mann von ihnen umgeben, und vielleicht wollte er ihn dieser Gesellschaft streitig machen. Ja, man darf sagen, daß er es mit seiner Rede unternahm, den Künstler Heinrich Mann gegen den Politiker Heinrich Mann zu verteidigen.» Dies also tat Benn mit dem ganzen Glanz und vibrierenden Pathos seiner Sprache und erhielt dafür von dritter Seite eine selbst für die damaligen Zeiten grob-massive Quittung. Sie erschien in der scharf linksdemokratischen Wochenzeitschrift «Das Tagebuch» und stammte nicht von einem «Kollegen», sondern von einem Architekten, von Werner Hegemann.

Schon die Überschrift verrät die Methode: «Heinrich Mann? Hitler? Gottfried Benn? Oder Goethe?» Und nun werden donnernde Breitseiten gegen den angeblichen Verhöhner Heinrich Manns abgeschossen. Das beginnt mit der Feststellung: «So versicherten mir z. B. Alfred Döblin und Arnold Zweig, und dasselbe hörte ich von Bert Brecht, daß ihre große Bewunderung für Heinrich Mann viel mehr noch dem modernen Politiker als dem Dichter Heinrich Mann gehört. Ja, sie meinten, daß Gottfried Benn mit seinen funkelnden Geburtstagsaufsätzen im Stile vergangener herrlicher Zeiten die Bedeutung des viel größeren neuen Heinrich Mann, also des aktivistischen Politikers, sehr herabgemindert, ja verfälscht habe.» Aber dann geht's weiter: «‹Der Mensch hat die Natur noch in keiner Sache überwunden, sondern höchstens das eine oder andere Zipfelchen ihres ungeheuren, riesenhaften Schleiers von ewigen Rätseln und Geheimnissen erwischt und emporzuheben versucht.› So schrieb zwar nicht Gottfried Benn, aber so schrieb ganz in Benns lyrisch mystifizierendem Tone Benns Zeitgenosse Adolf Hitler (‹Mein Kampf›, S. 314). Und in diesem selben Geiste versichert Gottfried Benn in seinem ‹Fazit der Perspektiven›: ‹Immer und zu allen Seiten wird wiederkommen, für den alles Leben nur ein Rufen aus der Tiefe ist, einer alten und frühen Tiefe, und alles Vergängliche nur ein Gleichnis eines unbekannten Urerlebnisses, das sich in ihm Erinnerungen sucht.› Bei diesem geheimnisvoll Wiederkehrenden denkt unser Bruder Benn vielleicht nicht ausschließlich an Hitler und sein heraufdämmerndes Drittes Reich ... Aber es ist im Geiste Hitlers, daß Benn ‹Kunstwerke praktisch folgenlos› und ‹den Künstler a priori geschichtlich unwirksam› nennt. Angesichts der Übermacht der Naturgesetze und ‹Urerlebnisse› nennt auch Hitler es einen ‹echt judenhaft frechen, aber ebenso dummen Einwand der modernen Pazifisten›, wenn sie behaupten: ‹Der Mensch überwindet eben die Natur›.»

In dieser anrüchigen Methode und mit weiteren Hitler-Analogien geht es weiter bis zum Schlußabsatz, der allerdings für die Mentalität des Schreibers ebenso bezeichnend wie decouvrierend ist: «Für moderne Künstler, und dazu sollten auch die modernen Lyriker wieder gehören, ist Ästhetik ohne Wohlstand, Gesundheit und Recht unfaßbar. Wer eine ungesunde und widerrechtliche Ästhetik predigt, der ist in der Tat, wie Benn sagt, ‹ein Freibeuter, ein Schnorrer›. Der Freibeuter erklärt den Krieg aller gegen alle und hat jederzeit Anspruch darauf, mit seiner Ästhetik von einem hungrigen Kriegsopfer oder Arbeitslosen niedergeschlagen, oder von einem vollgefressenen Kriegsgewinnler ausgebeutet zu werden. Er stellt sich außerhalb des Schutzverbandes nicht nur der deutschen Schriftsteller, sondern der Menschen. Er macht sich vogelfrei.»

Gottfried Benn antwortete am 16. April in der «Vossischen Zeitung», die damals selbst Hegemann nicht hätte faschistischer Sympathien verdächtigen können; sein Artikel ist verhältnismäßig ruhig:

Drei Sachen bleiben mir im Gedächtnis. Erstens der Versuch des Verfassers, Heinrich Mann und den Schutzverband zu veranlassen, von mir und meiner Rede öffentlich abzurücken (das geschah auch nicht. D. Verf.) ... *die Voraussetzungen waren so* ... *wie Dr. Eloesser, der Präsident des Bundes, es bei unserer Unterhaltung darüber bei mir als selbstverständlich voraussetzte, ohne standespolitische Gesichtspunkte, seine Worte waren: «Als Dichter über einen Dichter». Das habe ich versucht nach Maßgabe meiner Kräfte zu tun, das habe ich so getan, wie jeder, der mich kennt, wußte, daß ich es tun würde. Und wenn man das in Deutschland und auf einem Fest der schriftstellerischen Welt nicht mehr tun kann, ohne von den Kollektivliteraten in dieser ungemein dreisten Weise öffentlich angerempelt zu werden, so stehen wir allerdings in einer neuen Metternich-Periode, aber in diesem Falle nicht von seiten der Reaktion, sondern von einer anderen Seite her.*

Nach dem Hinweis auf die pikante Tatsache, daß er, von Hegemann als Faschist verdächtigt, wegen derselben Rede vom «Angriff», der Zeitung des Dr. Goebbels, als «Kurfürstendammjournaille, als Defaitist und Zugehöriger der Liga für Menschenrechte» angepöbelt worden sei, schließt Benn mit den Worten:

Armselige Gehirne, die jeden, der seinen Blick einmal rückwärts richtet, als Reaktionär verschreien, jeden, der nach der Herkunft oder dem Hintergrund auch geschichtlicher Bewegungen fragt, als feudalistischen Marodeur bezeichnen, jeden, der einmal vom plumpesten Materialismus fort seine Gedanken ins Dialektische oder Metaphysische wendet, als abgetakelte Epoche begeifern. Armselige, stumpfe, unerfahrene Gehirne, die schon die Diskussion des Irrationalen nicht mehr scheiden können von der geistigen Schwammigkeit des partei-

mäßig organisierten Somnambulismus. Nicht Führer der Stunde scheinen mir diese zu sein, sondern nur Führer gegen die Stunde, in der doch alles darauf ankäme, die politisch verrotteten Begriffe wieder durch geistige zu klären und an geistige zu binden, statt die noch ein wenig bewahrten Dinge der Zeit ins Politische zu zerren und sie denunziativ bei der Roheit zu verdächtigen. Das Ganze scheint mir eine Frage des inneren Niveaus und der bildnerischen Kräfte zu sein. Jeder kann nur mit den Kräften arbeiten, mit denen die Natur ihn bemittelt hat. Der eine arbeitet tatkräftig am Versicherungswesen, und der andere wird es sich nicht nehmen lassen, bei der nächsten Festrede wieder davon auszugehen, daß alles zu Versichernde nur ein Gleichnis ist, und daß in einem Zeitalter, in dem die Religionen der Götter zunichte gehen, während der Sozialismus längst nicht alle Tränen trocknet, die Kunst die besondere Aufgabe des Lebens ist, die Transzendenz, die metaphysische Tätigkeit, zu der es uns verpflichtet.

Jedenfalls dachte Benn zu diesem Zeitpunkt noch nicht an Hitler, er hatte noch nicht einmal «Mein Kampf» gelesen, er kannte sich in der hektischen Politik jener Zeit überhaupt nicht aus. Er gewahrte nur eine bestimmte, ihn allerdings äußerst alarmierende, politische Perspektive, und das war die Übermacht der literarischen Linken, die lautstark proklamierte Kunstfeindlichkeit der Kommunisten. Gegen sie trat er bald darauf, am 28. August dieses Jahres, im Berliner Rundfunk von neuem an mit dem Vortrag *Die neue literarische Saison*. Darin wird nach einigen boshaften Marginalien zu neuen Erscheinungen der Lyrik, Dramatik und des Romans klar und deutlich formuliert:

... während wir alle vergeblich nach der Internationale der Politik, des Zolls und der Wirtschaft verlangen, (steht) die Internationale des literarischen Tinnefs in hoher Blüte unter uns. Hinter dieser reinen Vordergrundsliteratur, die auch in der jetzt beginnenden Saison allen zum Trotz den Markt, das Geschäft, die Zeitungen und die Gesellschaft beherrschen wird, spielt sich jedoch ein echter literarischer und weltanschaulicher Kampf ab, steht eine Problematik, die namentlich die junge Literatur stark beschäftigt, die ernsthafte junge Literatur, und sie zweifellos auch im kommenden Winter in Anbetracht der Zeitlage noch mehr beschäftigen wird. Bringen wir dieses Problem auf eine kurze Formulierung, so ist sein Inhalt der Gegensatz zwischen der kollektivistischen und der artistischen Kunst. Die Frage, die diskutiert wird, lautet: hat der Mensch bei unserer heutigen sozialen und gesellschaftlichen Lage überhaupt noch das Recht, eigne individuelle Probleme zu empfinden und darzustellen oder hat es nur noch kollektive Probleme zu geben? Hat der Schriftsteller noch das Recht, seine Individualität als Ausgangspunkt zu nehmen, ihr Ausdruck zu verleihen, darf er für sie noch auf Gehör rechnen oder ist er völlig zurückgeführt auf seine kollektiven Schichten, nur noch beachtenswert, ja interessant als Sozialwesen? Lösen sich — haben sich zu lösen — alle seine inneren Schwierigkeiten in

dem Augenblick, wo er mitarbeitet am Aufbau des gesellschaftlichen Kollektivs?

Benn schildert nun einen Vortrag des russischen Schriftstellers Tretjakov, *dem das ganze literarische Berlin zuhörte.* Während des ersten stalinistischen Fünfjahresplans, vom Jahre 1929 an, hatte in Sowjetrußland die Verfolgung jeder nicht linientreuen und genau auf den «sozialistischen Realismus» ausgerichteten Literatur begonnen, zu Hunderten wurden die mißliebigen Schriftsteller in die Fabriken geschickt, um die «proletarische Wirklichkeit» kennenzulernen. Sie mußten dort, vom Fabrikkollektiv beraten und kritisiert, Broschüren abfassen etwa des Titels «Anlage einer Obstplantage in der Nähe der Fabrik» oder «Wie schaffen wir das Material noch schneller in die Arbeitsstätte?» ...

Die Deutsche Literatur saß zu Tretjakows Füßen und klatschte begeistert und enthusiasmiert ... Welche Psychologie, frage ich mich, steht hinter dieser russischen Theorie, die in Deutschland so viele Jünger findet? Diese russische Kunsttheorie, wenn man sie sich einmal ganz klar macht, behauptet nicht mehr und nicht weniger, als daß alles, was in uns, dem abendländischen Menschen, an Innenleben vorhanden ist, also unsere Krisen, Tragödien, unsre Spaltung, unsere Reize und unser Genuß, das sei reine kapitalistische Verfalls erscheinung, kapitalistischer Trick ... Das ist also nun wohl die Tretjakow-Gruppe in Berlin, und sie ist es, der gegenüber ich altmodisch und abendländisch die These aufrechtzuerhalten habe, daß durch Organisation seiner Wohnungs- und Nahrungsverhältnisse der Mensch in seinen entscheidenden, das heißt nicht etwa nur kunst-, sondern auch lebensproduktiven Schichten nicht bestimmend verändert wird. Mit «bestimmend» meine ich: erbmäßig formändernd, anlagemäßig wesenhaft nicht verändert wird. Auch wer nicht weniger radikal als die patentierten Sozialliteraten das nahezu Unfaßbare, fast Vernichtende unserer jetzigen Wirtschaftslage, vielleicht unseres Wirtschaftssystems empfindet, muß sich meiner Meinung nach doch zu der Erkenntnis halten, daß der Mensch in allen Wirtschaftssystemen das tragische Wesen bleibt, das gespaltene Ich, dessen Abgründe sich nicht durch Streuselkuchen und Wollwesten auffüllen lassen, dessen Dissonanzen nicht sich auflösen im Rhythmus einer Internationale, der das Wesen bleibt, das leidet ...

Man darf dazu aus heutiger Kenntnis hinzusetzen, daß unter Stalin durch den Genetiker Lyssenko für lange Zeit auch eine Biologie herrschend wurde, die die Veränderbarkeit der Erbanlage als erwiesen ansah (ebenso wie man durch Übertragung des Pawlowschen «Bedingten Reflexes» auf den Menschen das menschliche Bewußtsein als manipulierbar und programmierbar bewiesen zu haben meinte). Aber solche Totalitätsrekorde standen damals noch nicht zur Debatte, auch setzte die eigentliche Schreckensherrschaft Stalins und die gleichzeitige Kulturdespotie Shdanows erst 1934 ein — der «Reinigung» fiel übrigens später auch Tretjakov zum Opfer. Unschwer ist jedoch aus den vielen Zitaten eine zunehmende Verschärfung, eine Radikalisierung der kämpfenden Meinungen zu entnehmen. Sie entsprach im großen und ganzen der politischen Radikalisierung in Berlin wie im damaligen Deutschland überhaupt. Benn jedoch wandte sich wider die Politisierung der Kunst im ganzen. Unterstellt man ihm, daß er dabei in erster Linie seine eigene Kunst, sein persönliches Schaffen und die Berechtigung zu diesem Schaffen vor Augen hatte, dann wehrte er sich gegen die einzige kunstfeindliche Macht, die er damals erblickte, die sich vor allem in Berlin lautstark in Szene setzte und von 1930 an auch eine unverkennbare Unduldsamkeit an den Tag legte. Daß die radikalste Rechte, die Partei Hitlers, sich nicht weniger kunstfeindlich und geistig unduldsam gebärden werde, war damals noch nicht vorauszusehen, es war ja nicht einmal sehr wahrscheinlich, daß ihr und gar ihr allein die Macht zufallen werde. Es bedeutete ja gewissermaßen den großen Vorteil der NSDAP gegenüber dem Kommunismus, daß sie alles versprechen, alles verheißen konnte, während die Propaganda der KPD immerhin im Schatten einer sowjetrussischen Wirklichkeit stand, die keineswegs nur werbende Aspekte aufwies. Gerade der rabiate Antikommunismus der Nazis führte ihnen unzählige bürgerliche Stimmen zu. Soweit man damals bereits bewußt alternativ dachte, als einer Wahl zwischen zwei Übeln, hielt man die Nazis für das geringere. Weil die Nazis dies natürlich wußten, konzentrierten sie zunehmend ihre ganze Propaganda gegen die «rote Gefahr», gegen die «Kommune» und gesellten dazu bald ohne Rücksicht auf die Nuancen die gesamte Linke. Da die Radikalen von rechts und links ihre oft blutigen Auseinandersetzungen zunehmend auf die Straße trugen, herrschten vom Frühling 1932 an in vielen Teilen Deutschlands, vor allem jedoch in Berlin, wieder bürgerkriegähnliche Zustände. Das Versagen der staatlichen Institutionen und die Ohnmacht und Unfähigkeit der staatstragenden Parteien gehört heute, im Rückblick, ebenso zu den Unbegreiflichkeiten, wie alles Weitere, was daraus hervorging. In Berlin verfügte dazu die NSDAP über ihren intelligentesten und skrupellosesten Kopf. Joseph Goebbels war ein satanisches Genie der Rhetorik, er warf nur so um sich mit Zitaten von Nietzsche, Hölderlin, Rilke und George, er faszinierte gelegentlich sogar seine Gegner.

Das also war die Lage 1932, und man muß wenigstens dies und vielleicht noch einiges andere wissen, wenn man über Ereignisse, Persönlichkeiten, Fehlurteile und Irrtümer von damals urteilen und nicht bloß drauflos schwadronieren will. Das «andere», was auch sehr wissenswert ist, betrifft die heute scheinbar unvorstellbare Not in jenen Jahren. Im Jahre 1931 bereits vermochte es nicht einmal mehr die übliche Sommerbelebung der Wirtschaft, die Arbeitslosenzahl unter die Sechsmillionengrenze sinken zu lassen. Das waren jedoch nur die arbeitsamtlich erfaßten Erwerbslosen, dazu kamen noch Hunderttausende ruinierter Existenzen aus Handel und Gewerbe, aus Handwerk und Landwirtschaft, dazu zählen schließlich noch die Familien der Betroffenen.

Preußische Akademie der Künste: eine Sitzung der Sektion für Dichtung, 1929. Von links nach rechts: Thomas Mann, Ricarda Huch, Bernhard Kellermann, Hermann Stehr, Alfred Mombert, Eduard Stucken, Walter von Molo

In diesem Jahre 1932 hielt Thomas Mann in der Berliner Philharmonie jene denkwürdig gewordene Rede, an deren Ende er feststellte, «daß diese Republik nachgerade nicht mehr viel Kredit zu genießen scheine». Und im gleichen Jahre erfuhr Gottfried Benn als

Dichter die erste öffentliche Anerkennung seines Lebens: er wurde Mitglied der Dichterakademie:

Es handelt sich um die damalige Preußische Akademie der Künste, der 1926 eine Abteilung für Dichtkunst angegliedert worden war. Etwa 25 der bedeutendsten Schriftsteller dichterischer Richtung und Substanz waren die Mitglieder. Als ich 1932 hineingewählt wurde, war Max Liebermann Präsident der Gesamtakademie, Heinrich Mann Abteilungs-Präsident für die Dichtung. Die Wahl war damals eine außerordentliche Ehre, die größte, die einem Schriftsteller innerhalb des deutschen Sprachraums zuteil werden konnte. Die Aufgabe der Akademie bestand in Ausstellungen, Konzerten, Vortragsaben-

F. W. Oelze

den, Gutachten für den Kultusminister, Verleihung von Preisen und Unterstützung verdienter Künstler. (Doppelleben)

Am 5. April 1932 erfolgte also die feierliche Aufnahme des neuen Mitglieds und Gottfried Benn hielt seine Einführungsrede:

Eine neue Zerebralisationsstufe scheint sich vorzubereiten, eine frigidere, kältere: die eigene Existenz, die Geschichte, das Universum nur noch in zwei Kategorien zu erfassen: dem Begriff und der Halluzination. Der Realitätszerfall seit Goethe geht so über alles Maß, daß selbst die Stelzvögel, wenn sie ihn bemerkten, ins Wasser müßten: der Erdboden ist zerrüttet von purer Dynamik und von reiner Relation. Funktionalismus, wissen Sie, heißt die Stunde, trägerlose Bewegung, unexistentes Sein. Um eine verschleierte und irre Utopie der Prozeß an sich, die Wirtschaft als solche, eine Fauna und Flora von Betriebsmonaden und alle verkrochen hinter Funktionen und Begriff. Die alten Realitäten Raum und Zeit Funktionen von Formeln; Gesundheit und Krankheit Funktion von Bewußtsein; überall imaginäre Größen, überall dynamische Phantome, selbst die konkretesten Mächte wie Staat und Gesellschaft substantiell gar nicht mehr zu fassen, immer nur der Prozeß an sich, immer nur die Dynamik als solche ... Der Begriff und die Halluzination, sagte ich, seien die Ausdrucksmechanismen der neuen Zerebralisationsstufe, die reine epische Anschauung, die apollinische Monotonie ebenso wie die Entwicklungsarabeske seien es nicht mehr. Was mit diesem Halluzinatorischen gemeint ist, ist heute jedem bekannt. Der Expressionismus, der Surrealismus gehört hierher, van Goghs Formel: «Ich rechne nur mit der Erregung gewisser Augenblicke» — Violante von Assys (Hauptgestalt der Trilogie «Göttinnen» von Heinrich Mann. D. Verf.) *Rauschreich wird für immer am Anfang stehen — Klee, Kandinsky, Léger, der ganze Südsee-Einbruch beruht ja nicht auf logisch-empirischen, sondern auf halluzinatorisch-kongestiven Mechanismen ... was erleben wir denn nun in diesen Räuschen, was erhebt sich denn nun in dieser schöpferischen Lust, was gestaltet sich in ihrer Stunde, was erblickt sie, auf welche Sphinx blickt denn ihr erweitertes Gesicht? Und die Antwort kann nicht anders lauten, sie erblickt auch hier am Grunde nur Strömendes hin und her, eine Ambivalenz zwischen Bilden und Entformen, Stundengötter, die auflösen und gestalten, sie erblickt etwas Blindes, die Natur, erblickt das Nichts. Dies Nichts, das wir hinter allen Gestalten sehen, allen Wendungen der Geschichte, den Begriffen, hinter Stein und Bein. Das wäre die Lage des Ich, ich habe sie nicht beschönigt, Sie sollten an ihr teilnehmen, aber nun stehen wir vor der Entscheidung: ist das Nihilismus? Vom Standpunkt jeder materiellen, selektiven, historischen Idee des Menschen aus wohl, von den alten Wahrheiten, den alten Inhalten ist nichts zu retten, aber vom Standpunkt unserer Untersuchung des Produktiven aus meine ich: nein. Gerade weil die Lage so über alles gespannt ist, so unausweichlich, geradezu herausfordernd, stellt sich von selbst der Gedanke ein, daß dies gar keine besondere Lage ist, daß es nie eine andere Lage gab, daß der Geist nie etwas anderes*

Klaus Mann (1925)

atmete, als diese Ambivalenz zwischen Bilden und Entgleiten, sich nie anders erlebte, als in der Differenzierung zwischen den Formen und dem Nichts, sehen wir das Produktive gegen dies naturalistische Chaos im Mühen um einen Grund, ein Sein, ein ordnendes Gesicht, stehen wir plötzlich vor einer Art von Gesetz, dem Gesetz von einer formfordernden Gewalt des Nichts, und hier hält unsere Untersuchung inne: dies scheint das Gesetz des Produktiven zu sein . . .

Diese Akademierede zeigt Benns Sprache, seine Prosodie in ihrem höchsten Glanz: ein funkelndes geistiges Selbstporträt, ein unerhört zusammengesetzter Geisteszustand des Eigensten und Entlegensten. All seine entscheidenden Einflüsse und spirituellen Erlebnisse klingen auf, ein künstlerisches Credo jedoch von auffallend synkretistischer Art, Gewürze und Essenzen von den Tafeln Nietzsches, Spenglers, Lévy-Bruhls und dazu die spekulativen Träume der modernsten Naturwissenschaften. Und doch kann es in dieser Ordnung und seiner verschlungenen Bezogenheit auf ein Drittes und Unbekanntes nur die autonome Götter-Landschaft Benns selber sein oder sein Traum von sich selbst. Nicht die Quellen und Einflüsse entscheiden, sondern das Becken, worin sie münden und sich zu dem Trank mischen, nach dem ein Einzelner dürstet und der nur diesem Einzelnen bekömmlich ist. Dies ist seine Landschaft und darüber Trauer und Licht. Alles ist fertig und nichts mehr wird sich ändern.

In das Jahr 1932 fällt Goethes hundertster Todestag; das Aprilheft der bei S. Fischer erscheinenden Monatszeitschrift «Die Neue Rundschau» ist ein reines Goethe-Gedenkheft; Gottfried Benn hatte es übernommen, über *Goethe und die Naturwissenschaften* zu schreiben (andere Mitarbeiter an diesem Sonderheft waren Gerhart Hauptmann, Thomas Mann, Friedrich Gundolf, André Gide, Hermann Hesse und José Ortega y Gasset). Der Aufsatz scheint schon im Dezember 1931 fertig gewesen zu sein, denn es heißt in einem Briefe aus dieser Zeit an Ewald Wasmuth:

... Der Goethe-Aufsatz war schwer! Uff! Darlegen und ausein-

anderhalten ist ja nicht meine Stärke, der ich mehr für Ausdruck und Stoffvernichtung bin. 20 werden ihn zu Ende lesen, davon 10 sagen: dilettantisch, weil ich kein Privatdozent bin, 8: langweilig, weil es keine Verse sind. Die restlichen 2 sagen: ganz nett, aber ich hätte es besser gekonnt.

Es lasen in der Folge dann aber doch recht viele Menschen diesen Aufsatz, er wurde damals, wie auch bei seinem Neuerscheinen nach dem Zweiten Weltkrieg, von hervorragenden Zeitgenossen gewürdigt. Aus einem Gespräch über diesen Aufsatz entwickelte sich dann auch die Freundschaft mit Dr. F. W. Oelze:

Literarisch spezialisiert, war der Grund seines ersten Besuches bei mir mein Aufsatz über «Goethe und die Naturwissenschaften» ... – in seinem Alt-Bremer Patrizierhaus war Goethe seit Generationen sehr gepflegt. Aus diesem Besuch entwickelte sich eine Korrespondenz, immer wachsend, die sich heute auf nahezu 2000 Briefe belaufen wird und vieles von dem, was in meinen neuen Büchern steht, fand sich als Keim und Setzling in unseren schriftlichen Gesprächen auf jenen blauen Bogen, die er wie ich benutzten.

Von diesen Briefen ist bisher nur eine Handvoll veröffentlicht worden, teils in dem Briefband des Limes Verlages, teils in der Zeitschrift «Merkur». Die Gesamtveröffentlichung, an der gearbeitet wird, dürfte wahrscheinlich die letzte große Dokumentation über Gottfried Benn sein, die zu erwarten ist.

Zu seinem näheren Umgang gehörte seit 1931 auch Klaus Mann, der hochbegabte und kultivierte Sohn Thomas Manns. Auch mit Bernard von Brentano, der damals in Berlin als Korrespondent der «Frankfurter Zeitung» lebte, traf er sich in den frühen dreißiger Jahren öfters, lud ihn sogar zu sich nach Hause in die Belle-Alliance-Straße ein – eine verhältnismäßig selten gewährte Auszeichnung für Bekannte, ja, selbst für Freunde. Seine Stammkneipe war damals der «Reichskanzler» in der Yorkstraße; hier saß oft bei ihm einer seiner treuesten und ergebensten Freunde, der Verleger Erich Reiß, ausgesprochener Bierfreund wie Benn und mit der besonders geschätzten Gabe, stundenlang kein Wort zu sprechen.

Daß Thea Sternheim, die Benn ungemein verehrte und schätzte, 1932 Berlin und Deutschland verließ, gefiel ihm gar nicht:

Liebe Stoisy, obschon jemand, der Deutschland verläßt, nur weil es ihm schlecht geht oder weil der Betreffende fürchtet, daß es ihm darin schlecht gehen könnte, oder einfach, weil er es sich leisten kann – natürlich von denen, die es sich nicht leisten können und zurückbleiben müssen und auch aus Charakter zurückbleiben würden, nicht mehr mit derselben Freundschaft und Sympathie betrachtet werden kann wie vorher – da Sie aber immer so überaus nett zu mir persönlich waren, ja mehr als das, Sie für mich zu den wenigen Erscheinungen der Freundschaft und der Zuneigung gehören und ich Ihnen menschlich und allgemein viel zu danken habe – nachdem ich mir also in dieser längeren Einleitung mein Ressentiment abgestoßen habe, danke ich Ihnen für Ihre beiden freundlichen Karten ... Was kann ich Ihnen von hier erzählen, was Ihnen von unserem bescheidenen und beschränkten Leben, was von unserem kalten Frühling, das noch auf Ihr Interesse zählen könnte! Wenig oder nichts! Sie werden auch gewiß verschont bleiben wollen von allem, was dies barbarische Land betrifft. – Gestern besuchte mich der mir so angenehme Klaus Mann und erzählte, daß er in Paris Mops und Klaus gesprochen ... Eben 10,50 vormittags rief ich die Nummer Ihrer Tochter an, um mich nach ihrem Befinden zu erkundigen und Ihnen beruhigende Nachrichten über sie zu geben, aber sie schlief noch und war nicht zu sprechen. Glückliche, schlummerfrohe Jugend! Haben Sie sich noch das Goethe-Heft der «Neuen Rundschau» mitgenommen, wo wir alle, darunter Ihr Gide usw. Aber Sie lieben ja nicht Goethe, sondern Thomas von Aquino und die modernen kleinen Franzosen ...

Es war Thea Sternheim gewesen, die an einem Julitag im Jahre zuvor den gerade in Berlin weilenden André Gide in die Wohnung Benns geführt hatte. Es ergab sich zwar ein längeres, sehr intensives Gespräch zwischen den beiden so wesensverschiedenen Männern, aber es blieb bei dieser einen Begegnung. Benn schätzte Gides «Paludes» und den Roman «L'Immoraliste»; das Buch «Stirb und Werde» jedoch, das er erst nach diesem Besuch kennenlernte, beurteilte er sehr abfällig. Thea Sternheims zweite Ehe, die mit Carl Sternheim, war damals bereits geschieden. Die beiden Kinder aus dieser Ehe, Mops und Klaus, zogen mit ihr nach Paris, ihre Tochter Agnes aus erster Ehe blieb in Berlin. Eine gewisse Schicksalsverflechtung wollte es dann, daß Carl Sternheim in neuer Ehe Pamela Wedekind heiratete, mit deren Mutter Tilly, der Witwe Frank Wedekinds, Gottfried Benn ebenfalls sehr befreundet war.

Aber schon geht das Jahr 1932 zu Ende ... «Die Literarische Welt» hatte sich an ihre führenden Mitarbeiter mit einer Umfrage gewandt, wie sie über den «Frieden auf Erden» dächten, und Benns Text in der Weihnachtsnummer dieser Zeitschrift lautete:

Der ewige Friede auf Erden, der ewige Frühling am Nordpol, der ewige Friede unter einem Geschlecht, das sich entwickelt und trägt durch Spannungen, Spaltungen, Exzesse, Destruktion und alle paar Jahrhunderte einmal durch einen – meistens etwas kranken – Geist: Nein, auch nicht unter dem Weihnachtsbaum kann ich mir einreden, daß sich die Geschichte demokratisch gibt, daß sie ein anderes Sein hat als ihre Wirklichkeit, andere Methoden als die der Macht und der Gewalt, anderes Gericht über die Völker als Entfaltung oder Untergang. Ich bin daher statt für Pazifismus für gegenständlichere Dinge, was den Augenblick angeht für ein starkes, tankgesichertes, betonuntermauertes Militärbündnis mit Frankreich, das würde wenigstens für einige Generationen die Welt im Arm wiegen wie ein Wickelkind. Dies zu verwirklichen erscheint mir der ho-

Das Romanische Café in Berlin (um 1938)

hen Vernunft dieser beiden führenden Menschheitsvölker würdig, aber vom ewigen Frieden träumen, das kommt mir vor wie der Nachhall einer Herderschen Stimmung von den Völkern in Liedern, des Schillerschen moralisierenden Weltbürgerpathos, schwäbischer Pfarrhauslyrik, ja, sogar eines verschneiten Stielerschen Idylls.

Ein verschneites Idyll war Berlin Weihnachten 1932 und zur Jahreswende nicht, ein amtlich dekretierter «Burgfriede» hielt für kurze Zeit wenigstens die Straße ruhig; man konnte also ungefährdet Silvester feiern, und ich erinnere mich sehr gut, daß man trotz aller Not und quälenden Spannung recht ausgelassen ins unbekannte Neue Jahr ging. Im «Romanischen Café» war wie alle Jahre durchgehender Betrieb, oben von der Estrade ertönte um Mitternacht eine kleine Blaskapelle, das Café mit dem großen und kleinen «Bassin» und dem ausgebauten Rang war brechend voll. Alles Stammkundschaft, bekannte und unbekannte Dichter, Journalisten, Kritiker, Maler, hübsche und gefährliche Mädchen, Schauspieler, Kabarettisten, Schnorrer und «Prominente». Anhänger der «Rechten» oder der «Linken» (die Linken überwogen allerdings bei weitem), Juden und Nichtjuden (arische Komplexe waren hier völlig ungebräuchlich), Ausländer schließlich in Menge. Dutzende von Weltanschauungen, Hunderte von Überzeugungen und die Meinungen überhaupt nicht zu zählen — aber gewisse europäische Anstandsregeln herrschten noch mit größter Selbstverständlichkeit, niemand fühlte sich gefährdet, niemand beunruhigt oder gar unmittelbar bedroht.

Diese Zwischenschilderung ist authentisch. Sie steht hier nicht aus billigen Kontrastabsichten und auch nicht, weil das «Romanische Café» eine Rolle in Benns Leben spielte — es spielte fast gar keine, er besuchte es weit seltener als früher das «Café des Westens». Er, der einen solchen Riesenbetrieb wie hier in der Silvesternacht prinzipiell verabscheute, war also selbstverständlich nicht anwesend. Aber hier, wo doch alle Gerüchte kolportiert wurden, wo über alles und jedes diskutiert wurde, wo man in gewissem Sinne tatsächlich «das Gras wachsen hörte» und alle Unkereien von rechts oder links durcheinanderfluten, hier, wo doch immerhin eine gewaltige Quantität sozusagen professioneller Phantasie vereinigt war, Schwarzseher und Hellseher, Propheten und Kassandren im trauten Verein — hier gab es keinen, nicht einen einzigen, dessen realistische Vorstellungskraft auch nur annähernd ausgereicht hätte, die kommende Wirklichkeit auszumalen. Es lag irgend etwas in der Luft — aber es lag schon seit Jahren immerfort irgend etwas in der Luft, man hatte sich in der erklärten Labilität eingerichtet, die ewige Ungewißheit war bereits alltäglich. Eine Revolution war undenkbar. Putschversuche, bewaffnete Revolten, Straßenkämpfe hatte es genug gegeben, sie waren alle in kurzer Zeit allein an der ausgezeichnet organisierten und stets alarmbereiten Polizei gescheitert. Hinter ihr stand als ultima ratio die Reichswehr, zwar ohne Panzer und Flugzeuge, in regulärer Bewaffnung jedoch mit allem versehen, nach dem Ausbildungsstand überhaupt die beste Armee Europas. Sie hätte jedem Wink

Hindenburgs gehorcht und war unbedingt in der Lage, jeden gewaltsamen Umsturzversuch niederzuschlagen. Gerade ein Umsturzversuch lag aber nicht in der Luft, er wäre völlig chancenlos gewesen. Nirgendwo stand andererseits zur Diskussion, daß das Verderben ganz legal, geradezu verfassungsmäßig zur Macht kommen werde. Das war denkunmöglich. Es schien jedenfalls damals denkunmöglich, einfach absurd. Und gerade das geschah. Der Reichspräsident von Hindenburg berief am 30. Januar 1933 Adolf Hitler zum Reichskanzler.

Der grosse Irrtum

Mit dem 30. Januar 1933 begann auch das, was man seitdem den «unverzeihlichen Irrtum» oder sogar den «Verrat» Gottfried Benns nennt, einen «Verrat am Geiste» natürlich. Der Irrtum oder der Verrat besteht darin, daß sich der Dichter aus eigenem Entschluß öffentlich für den neuen Staat erklärte und diesem Bekenntnis in Rundfunkreden und Aufsätzen Ausdruck gab. Publik wurde die Haltung Benns durch den am 24. April 1933 über den Berliner Rundfunk gesprochenen Vortrag *Der neue Staat und die Intellektuellen,* noch mehr und vor allem jedoch einen Monat später über das gleiche Medium durch die *Antwort an die literarischen Intellektuellen,* eine Erwiderung auf einen Brief, den Klaus Mann am 9. Mai aus Le Lavandoux in Südfrankreich an ihn gerichtet hatte.

Es dauerte dieser Irrtum dann bis 1934, genauer: bis zum 30. Juni 1934, dem Tage der «Röhm-Revolte», in deren Verlauf über einhundert mißliebige Persönlichkeiten ohne Urteilsspruch ermordet wurden — die nachträgliche «Legalisierung» änderte nichts daran, daß die deutsche Regierung die Bahn des offenen Verbrechens beschritten hatte; dergleichen hatte sich in Deutschland vorher noch nie ereignet.

Freilich waren Benn bereits früher Zweifel gekommen; sie sind belegbar. Aber diese Dinge gaben ihm «den letzten Stoß». Jetzt gab es keine Illusionen mehr, jetzt galt es nur noch aus dem Irrtum, aus der einjährigen Verblendung die Konsequenzen zu ziehen; diese Konsequenzen konnten nicht in der — an sich damals durchaus noch möglichen — Emigration ins Ausland bestehen, wo man ihn mit Hohngelächter und Schadenfreude empfangen hätte. Das war die Lage.

Es ist über diesen politischen Irrtum Benns zeitweilig mehr geschrieben und debattiert worden, als über die Leistungen, die dem gegenüberstehen und seinen Namen weitertragen. Der Umfang und und die Leidenschaftlichkeit dieses Streits rührt freilich in erster Linie daher, daß es nicht irgend jemandes Irrtum, sondern der Irrtum eines der größten deutschen Dichter des 20. Jahrhunderts ist, eines dieses Jahrhundert erheblich mitbestimmenden Geistes. Das reicht indessen nicht hin, die Beharrlichkeit des Streites, sein Andauern bis heute, also seine relative Endlosigkeit zu erklären. Es wirken da

30. Januar 1933: Der Fackelzug am Brandenburger Tor

ganz seltsame Momente mit. Eines der faßbarsten besteht vielleicht in dem uneingestandenen Dilemma, jemand bewundern zu müssen, obgleich er mit diesem unbegreiflichen Irrtum belastet ist; das Eingeständnis also, unablässig weiter geistig und ästhetisch fasziniert zu sein von einem Manne, der sich von der schauerlichen Geistlosigkeit des Hitlerregimes düpieren ließ. Das macht Kopfschmerzen, bereitet Unruhe, denn es betrifft einen Widerspruch, der zwar als solcher zu erkennen, rational jedoch nicht zu beheben ist. Ein anderes Moment reflektiert den Bennschen Irrtum mit seiner ganzen Unbegreiflichkeit auf den historischen Anlaß zurück und fragt etwa: was überhaupt bei den Trägern der «Bewegung» konnte auch nur annähernd die Vermutung erwecken, man habe es mit einem geistigen Gebilde zu tun? Oder war da, wenigstens am Anfang, womöglich wirklich etwas, was einen Kopf wie Gottfried Benn in Bann schlagen konnte?

«Damnare errorem non errantem», ist man zu sagen versucht. An diesem Irrtum ist zunächst bemerkenswert, daß es weit mehr ein Irrtum Benns über sich selbst als über den Nationalsozialismus war. Sich und seine geistige Position kannte er ja, den Nationalsozialismus weit weniger, fast gar nicht — das war von Anfang an verhängnisvoll. Er kannte weder das Parteiprogramm noch «Mein Kampf», er kannte keine der führenden Persönlichkeiten, war nie in einer politischen Versammlung, ja, er hatte sich, so merkwürdig das klingt, bis zum Tage der «Machtergreifung» eigentlich gar nicht mit der NSDAP befaßt, wenn man von der Zeitungslektüre absieht (Benn war auf die «Vossische Zeitung» abonniert und kaufte dazu täglich die «Nachtausgabe»). Seine Reaktion auf die Ereignisse war rein stimmungsmäßiger, emotionaler Art, also kein denkerischer Akt. Er selbst hat in *Doppelleben* zur Erklärung die von Thomas Mann (für 1914) geprägte Vokabel «Schicksalsrausch» reklamiert. Nun ging aber tatsächlich im Frühling 1933 für kurze Zeit etwas von der Art durch Deutschland, und wer das nicht wahrhaben will oder heute nicht mehr wahrhaben will, der muß dann allerdings noch zu weit irrationaleren Vorstellungen, zu Astrologie und Massenwahn greifen, wenn er nach erklärenden Vokabeln für etwas seiner ganzen Natur nach Unerklärliches sucht. Es entlud sich mit einemmal eine Unsumme von Hoffnung und Verzweiflung, von niedergehaltener Tüchtigkeit und nationalem Groll in die Stimme des «Endlich geschieht etwas! Endlich wird gehandelt und nicht nur geschwätzt!» Die Ingredienzien dieser Volksstimmung, die Elemente ihrer Aura genau zu analysieren, erübrigt sich, sie ist im ganzen keine böswillige Erfindung oder ein Narrenschauspiel, ihr eignet im Rückblick sogar eine doppelte Tragik, weil ein verzweifeltes Volk aufstand und seine Hoffnungen auf einen Mann setzte, der es dann in den grauenhaftesten Abgrund seiner ganzen tausendjährigen Geschichte führte. Es wäre mit Gewißheit nie so weit gekommen, wenn die Politiker und Intelligenzler der Weimarer Republik nur ein klein bißchen weniger versagt hätten, als es tatsächlich der Fall war. Weit mehr als seine eigene Propaganda war es die politische Unfähigkeit seiner Gegner, die Hitler zur Macht kommen ließ.

Schön, könnte man entgegenhalten, diese Volksstimmung oder den «Schicksalsrausch» gab es vielleicht – aber wie konnte er einen Mann wie Benn anstecken? Nun, es hörte damals und für eine Weile jedermann aus dem Schwall von Parolen und Versprechen in der Regel das heraus, was ihn am meisten anging. Die einen schöpften vorwiegend nationale, die anderen soziale Hoffnungen; was die neuen Machthaber zunächst von sich gaben, war ein wüstes Durcheinander von chiliastischem Synkretismus, Vogelfutter für alle, es kam ja gar nicht darauf an, wenn man nur die Zügel der Macht ganz und gar in die Hände bekam. Es galt ja dazu noch das mißtrauische Ausland einzunebeln, und dieser Zweck rechtfertigte alle Mittel, alle Lügen und die tollsten Behauptungen.

Gottfried Benn jedenfalls glaubte manches zu hören, was seiner Haltung und seinen Gedanken entgegenkam. Da war vor allem die schroffe Absage an die marxistische Linke, mit deren Kunstfeindlichkeit und geistigen Intoleranz er sich jahrelang herumgeschlagen hatte. Da war ferner der unentwegte Appell an Rasse und Züchtung, an Auslese und männliche Tugenden, die stürmische Anbiederung an (den damals noch sehr widerstrebenden) Mussolini und den italienischen Faschismus – im damaligen Italien war d'Annunzio ein nationales Prunkstück, der Futurismus und sein Führer Marinetti genossen staatliche Förderung: konnte man sich also in Deutschland nicht auch dergleichen etwas für den Expressionismus erhoffen?

Um dergleichen herauszuhören, ja, um überhaupt so unkritisch zuzuhören, wie es Benn ganz offenbar tat (denn genau zuhören wäre ja schon gleichbedeutend mit Abwendung und Nichtmehrhinhören gewesen), bedurfte es unter anderem einer politischen Ahnungslosigkeit und Unerfahrenheit, die man in so

Ernst Jünger (1930)

erstaunlichem Maß vielleicht nur in Deutschland antreffen konnte. Benn selber hat das etwas später, als ihm durchaus schon ein Licht aufgegangen war, für sich und die Generation der Expressionisten zu begründen versucht:

Ein Vorwurf trifft dies letzte Geschlecht in seinem Wesen entschieden zu Recht: eine geschichtlich volkhafte Sendung hatte es nicht übernommen, es hatte die letzten Jahre politisch ziemlich instinktlos verbracht, aber das praktisch Apolitische war ja bei uns Zuhause so war Goethe, Hölderlin, so war Rilke und George. Außerdem, in den Jahren, als wir begannen, in den Jahren die uns prägten, gab es das große, wunderbare, glück- und freiheitsdurchrauschte Deutschland, das verlangte unsere Aufmerksamkeit nicht, wenn wir malten und dichteten. Dann kam der Krieg, und wie die obige Angabe (die Aufzählung der kriegsgefallenen Expressionisten. D. Verf.) *zeigt, haben die Expressionisten von ihm ihren Anteil übernommen. Und die letzten Jahre hieß Politik, Marxismus, hieß Rußland, Mord aller bürgerlichen und intellektuellen Schichten, Mord aller Kunst als «Privatidiotismus» (Tretjakow), hieß Antiheroismus, dialektisches Gewäsch und eben jener Funktionalismus, den ich vorhin schilderte. (Verteidigung des Expressionismus)*

So war es ganz zweifellos bei Benn der Fall, es bestand bei ihm bis 1933 (und bald darauf wieder) ein wahrer Ekel gegen allen politischen Betrieb. Aber da Benn auch Stefan George nennt — über ihn war er damals offenbar nicht informiert, George hatte sich bereits im Frühjahr 1933 den politischen Anbiederungsversuchen (vor allem durch Goebbels) durch sofortige Abreise in die Schweiz entzogen, wo er Ende des Jahres dann starb. Ein anderer, der in diesem Zusammenhange damals auch oft erwähnt wurde, Ernst Jünger, zeigte sich 1933 ausgezeichnet informiert und kannte auch etliche maßgebliche Persönlichkeiten bereits hinreichend genug, um sich von vornherein keine Illusionen zu machen. Benn jedoch war eben nicht informiert, kannte keine Politiker, hatte überhaupt keine Beziehungen zu irgendeiner politischen Partei oder einem politischen Zirkel, er tat also diesen verhängnisvollen Schritt, er stolperte, er irrte, verirrte und verwirrte sich.

Es gehört sicherlich zu den sonderbarsten Erfahrungen unseres Zeitalters, wie Gottfried Benn innerhalb eines Jahres zu der Erkenntnis der völligen Unhaltbarkeit seiner Entscheidung kam. Bestand überhaupt Gefahr, daß die Nazis Benn als Paradepferd behandeln und mit ihm und seinem Namen Propaganda machen würden? Darauf kann man heute mit einem ganz unwiderleglichem Nein antworten; es bestand von vornherein für Benn höchstens Gefahr für Leib und Leben — ohne den mächtigen Schutz, dessen er sich dann versicherte, hätte er vielleicht das Hitlerreich gar nicht überlebt. Benn war für die neuen Machthaber nicht bloß unbequem, er war — nach einer Vokabel aus dem «Wörterbuch des Unmenschen» — «untragbar». Es war überhaupt nichts an ihm, was in die «neue Landschaft» gepaßt hätte. Zug um Zug erfuhr er Gegnerschaft, Ablehnung, Feindschaft. In dem Maße, wie er nun zunehmend genötigt war, sich dagegen zu verteidigen, deckte er, bewußt wie unbewußt, nur um so deutlicher auf, wie antipodisch er in seinem ganzen Habitus war. In dem schon erwähnten Vortrag *Verteidigung des Expressionismus* findet man ganze Passagen aus den einstigen Streitschriften gegen die marxistische, totale Linke. Das geschah natürlich nicht unbewußt, es verdeutlicht vielmehr, daß Benn schon Ende 1933 das tolle Paradoxon seiner Lage aufgegangen war: der totale Staat des Massenzeitalters ist prinzipiell und notwendig kunst- und geistfeindlich, die einschlägigen Argumente von links oder rechts treffen sich im geradezu instinktiven Mißtrauen, die «Führer» wittern unfehlbar, daß Kunst und Freiheit nahezu Synonyma sind. (Wobei man gern einräumt, daß die kommunistisch-sowjetische Kunstfeindlichkeit von einer gewissen brutalen Ehrlichkeit ist gegenüber der heuchlerischen Doppelzüngigkeit der Nazis.)

Filippo Marinetti

Selbst in der kurzen Zeit seines Irrtums kann man Benn wenigstens keine Feigheit vorwerfen: er verteidigte nachhaltig den Expressionismus, er verlangte öffentlich *Inneren Spielraum für die Dichtung* und wandte sich gegen das Spießig-Kleinbürgerhafte der ins Kraut schießenden *gefälligen* Literatur mit unverhüllter Verachtung:

... diese prima Epiker, Anekdotenschnurrer, Balladenbarden, notorische Nachspieler, stigmatisierte zweite Besetzung, Chargenkomiker für Gartenlokale, getarnter neuer Staat, in Wirklichkeit die stupiden alten Herren —: Mittelstand als Vampirismus. Am liebsten möchten sie alles, was überhaupt noch seine Anschauungen in prägnante Formen bringt, Formeln, die das Gemeinte unverwechselbar und schonungslos ausdrücken, was gleichbedeutend ist mit: es nachprüfbar, diskussionsfähig, geschichtsfähig zu machen, als fremdstämmig, unrassisch, undeutsch denunzieren; schon der Drang zur Form, das ist mediterran; Klarheit widernatürlich; Begriffsleben unreligiös; am liebsten würden sie eine Notverordnung für Deutschland sehen: Denken ist zynisch, es findet hauptsächlich in Berlin statt, an seiner

Stelle wird das Weserlied empfohlen. (Lebensweg eines Intellektualisten)

Das las sich also damals für die neuen Machthaber denkbar ungefällig, das war eigentlich schon ein kaum verhüllter Angriff wenigstens gegen die Kulturpolitik des Hitlerreichs. Benn mußte wissen, daß ihm das unbedingt neue Feinde schuf und die alten verhärtete. Aber eine solche Herausforderung lag auch bereits in seinem Plan. Er wollte heraus aus der Zone der Dreckschleudern.

Am 15. Februar 1933 war Benn zum kommissarischen Leiter der Sektion Dichtkunst in der Akademie ernannt worden; bereits am 8. Juni wurde er durch Blunck abgelöst; am 27. Juli erscheint er zum letztenmal in dieser Versammlung, um die Totenrede auf den Akademiepräsidenten Max von Schillings zu halten. Das ihm übertragene Amt im Vorstand der «Union Nationaler Schriftsteller» legt er im Herbst 1934 nieder; öffentlich tritt er darin ein einziges Mal in Erscheinung: um den nach Berlin gekommenen Führer der italienischen Futuristen, Filippo Marinetti, zu begrüßen. Eine von Hanns Johst (dem neuen Akademiepräsidenten nach dem Tode Max von Schillings) bestellte Gedächtnisrede für Stefan George *sollte in der Preußischen Akademie der Künste im Sommer 1934 von mir gehalten werden, wurde dann aber untersagt.*

Gottfried Benn hat sich zu seinem «Irrtum» umfassend geäußert in dem 1950 erschienenen Buch *Doppelleben*. Der erste Teil *Lebensweg eines Intellektualisten* umfaßt die Aufsätze aus der damaligen Zeit und war bereits im Herbst 1934 als selbständiger Band erschienen. Vom zweiten Teil entstanden einige Partien während des Krieges, die anderen nach 1945. Im Rahmen der *Gesammelten Werke* sind inzwischen auch sämtliche anderen Aufsätze und Gelegenheitsveröffentlichungen aus der Zeit 1933/34 erschienen, also auch alles, was Benn selbst nicht in den ersten Teil von *Doppelleben* aufgenommen hatte. Manches (so vor allem der Aufsatz *Züchtung I*) wirkt noch heute ziemlich peinlich. Die richtige Beurteilung dieser Dinge ist besonders schwierig für junge Menschen, die nur wenig persönliche Erinnerungen an diese Zeit, gar keine unmittelbaren Erfahrungen mit dem Totalitarismus haben, die zum Teil die entsprechende deutsche Geschichte nur ungenügend oder aus einseitiger Darstellung kennen. Rein psychologisch läßt sich bei Benn jedenfalls gut verfolgen, wie schnell die Phase einer gewissen Begeisterung ins unverkennbar Hysterisch-Hochgetriebene gleitet, wie er bald nur noch mühsam gebändigten Zorn kaschiert und dann in die Zone der Ironie, ja, des Sarkasmus gelangt. Diese Abwendung noch brüsker zu vollziehen, wäre damals schon (Herbst 1934) entschieden lebensgefährlich gewesen. Daß sich Gottfried Benn zu dieser Zeit um den Nachweis seiner «arischen Abstammung» bemühte, sollte doch eigent-

Um 1934

lich für keinen ärgerlich oder überraschend sein, der während des Hitlerreichs in Deutschland lebte. Zwar lag damals die Zeit der «Endlösung» noch fern, sie war überhaupt noch nicht vorstellbar, aber die Ärzte wurden bereits über die «Reichsärztekammer» reglementiert, mußten Fragebogen mit Ahnennachweis ausfüllen und konnten durch das neue Beamtengesetz aus allen staatlichen und kommunalen Stellungen verdrängt werden. Für einen Kassenarzt besonders war der «Ariernachweis» durchaus eine Existenzfrage. Auf einen bloßen Verdacht hin, also ohne jede Unterlage oder Untersuchung war Benn bereits 1933 von der Liste der Ärzte gestrichen worden, die bestimmte Atteste ausstellen durften. In welcher Tonlage er dann traktiert wurde, als er sich erlaubte dagegen zu protestieren, mag man in *Doppelleben* nachlesen. Darüber und über so manches andere sich heute zu mokieren, ist leicht, daraus sogar einen Vorwurf herzuleiten aber schlechthin töricht. In diesem Zusammenhang darf man nicht ignorieren, daß sich in sämtlichen Schriften und Briefen Gottfried Benns kein einziges antisemitisches Wort findet, nicht einmal eine Äußerung, die dahingehend mißdeutet werden könnte. Für jemanden, der den Dichter kannte, ist das ohnehin völlig selbstverständlich.

Nach dem Röhm-Putsch jedenfalls war für Benn alles zu Ende, es galt für ihn jetzt nur noch ins Dunkel, ins Schweigen zurückzutreten. Am 27. August 1934 schreibt er an Ina Seidel:

... Ich lebe mit vollkommen zusammengekniffenen Lippen, innerlich und äußerlich. Ich kann nicht mehr mit. Gewisse Dinge haben mir den letzten Stoß gegeben. Schauerliche Tragödie! Das Ganze kommt mir allmählich vor wie eine Schmiere, die fortwährend «Faust» ankündigt, aber die Besetzung langt nur für «Husarenfieber». Wie groß fing das an, wie dreckig sieht es heute aus. Aber es ist noch lange nicht zu Ende. Ich sitze hier, war noch gar nicht fort. Habe eine Vertretung in der Städtischen Beratungsstelle übernehmen müssen, da nicht genug arische Ärzte im Bezirk vorhanden. Außerdem, um das Leben zu fristen, so lächerlich es ist, daß man es immer noch tut ...

Am 30. September d. J. an die gleiche Adressatin:

... Von Ihnen erscheint ein Aufsatzbuch, von mir auch (Lebensweg eines Intellektualisten. D. Verf.). *In meinem stehen Sätze, die sehr bedenklich sind. Wenn man mich aus der Akademie entfernte – ich wäre so froh. Das Buch wird mir viele neue Feinde machen, ich sehe es voraus, aber die Jahre oder Monate, die man noch lebt, es lohnt sich wirklich nicht zu verkleistern und zu verschmieren. Der Geist und die Kunst kommt nicht aus sieghaften, sondern aus zerstörten Naturen, dieser Satz steht für mich fest und auch, daß es eine Verwirklichung nicht gibt. Es gibt nur die Form und den Gedanken. Das ist eine Erkenntnis, die Sie bei Nietzsche noch nicht finden, oder er verbarg sie. Seine blonde Bestie, seine Züchtungskapitel sind immer noch Träume von der Vereinigung von Geist und Macht. Das ist vorbei. Es sind zwei Reiche. So lange man sich darüber*

täuschen kann, mag man es tun. Wenn man es aber nicht mehr kann, ist es zu Ende ...

Alles Weitere geht aus den folgenden drei Abschiedsbriefen hervor:

An Ina Seidel: ... *Die neue Paßfotografie für den Truppenausweis: am 1. 1. 35 verlasse ich meine Wohnung, Praxis, Existenz, Berlin und trete in die Armee zurück, aus der ich hervorgegangen bin. Standort unbekannt. Zukunft ungewiß, Titel: Oberstabsarzt. So geht es moralisch und auch wirtschaftlich nicht weiter; dann muß ich aus allen Bindungen heraus, es ist eine aristokratische Form der Emigration. Kein leichter Entschluß! Im November bewarb ich mich bei der Stadt Berlin um eine Stellung in meiner Spezialität —, hier wohne ich doch nun, mit Ausnahme des Krieges, seit 30 Jahren. Ich erhielt mein Gesuch nach einigen Wochen wieder mit einem Schreiben ohne Anrede und Unterschrift: «Kein Bedarf. Papiere anbei zurück.» — O heiliges Herz der Völker, o Vaterland! — Und nun Schluß, Abschied.*

An Frank Maraun: ... *hiermit nehme ich Abschied von Ihnen. In Berlin ist meine Lage unhaltbar geworden, wirtschaftlich, beruflich und vollends, Sie wissen, literarisch. Ich habe meine Praxis aufgelöst, die Belle-Alliance-Straße wird mich nicht wiedersehen. Ich tauche unter, kehre zurück, woher ich kam, zur Armee. Standort zunächst Hannover. Sobald ich Wohnung habe, erhalten Sie Nachricht ...*

An Paul S. Fleischmann und Frau: ... *Ich hätte Ihnen Adieu gesagt, wenn mir nicht so hundemäßig mies vor der ganzen Sache geworden und gewesen wäre, daß ich heimlich und lautlos Berlin verlassen habe. Nehmen Sie jetzt meinen Abschied freundlich an! Hannover ist nicht weit ab von*

Frank Maraun
(Pseudonym von Erwin Goelz)

Berlin und jede Stunde geht ein D-Zug hin und her, 11 am Tage, also wir werden uns vielleicht wiedersehen, aber doch möchte ich die Gelegenheit wahrnehmen, um Sie meiner Freundschaft und Dankbarkeit zu versichern. ... Und nun dieser Abbruch mit dem Bisherigen, der natürlich eine schwere Krise für mich bedeutet. Ich bin nicht sicher, daß ich das Richtige unternahm, aber das andere ging auch nicht weiter. Ich muß sehen, was wird, ob es geht, ob ich noch einmal eine neue Existenz finde. Morgen beginnt der Dienst. Skeptischer, kälter, erwartungsloser kann man ein neues Leben nicht beginnen, als ich es hier tue ...

Paul S. Fleischmann, Universitätsprofessor und zur Prominenz der Berliner Ärzteschaft gehörig, verließ 1936 Deutschland und ging nach England.

Der Wiedereintritt ins Heer war Benn durch einige alte Kameraden aus der «Pépinière» ermöglicht worden, die in der Reichswehr zu einflußreichen Stellungen gelangt waren; dazu kam natürlich der wachsende Ärztebedarf durch die Heeresvermehrung, der im Frühjahr 1935 die Widereinführung der Allgemeinen Wehrpflicht folgte. Benn wohnte in Hannover zuerst in der Hohenzollernstr. 11, dann in der Arnswaldtstr. 3. Die Umstellung auf den straffen, genau eingeteilten und kontrollierten Dienst bei der Wehrmacht fiel ihm nach sechzehnjähriger «Entwöhnung» begreiflicherweise anfangs recht schwer. Dazu galt das erste halbe Jahr als Probezeit, erst dann erfolgte die definitive Ernennung. Benn gab sich natürlich die äußerste Mühe, seinen Dienst korrekt zu versehen, denn die Wehrmacht war in seiner Situation die ultima ratio. *Auswege gibt es ja nicht mehr, wir sitzen alle in der Falle drin und benagen noch das Stück Speck, bis er alle ist,* schreibt er an Frank Maraun und stöhnt in einem Brief an F. W. Oelze: ... *«Befehlen Herr Oberst» — «bitte Herrn General vortragen zu dürfen» — «mit der Meldung, daß ...» — «gemäß Verfügung» — «beziehungsweise» —: um diese Ausdrükke hängt ein Kosmos, sie tragen wahrhaft, wehrhaft eine Welt! ...*

Er lebt sich in der fremden Stadt ein bißchen ein, macht Spaziergänge in der Eilenriede und Herrnhausen, besucht die Gemäldegalerie und sitzt nach Dienstschluß oft im Café Kröpcke, um Zeitungen zu lesen oder vor sich hin zu sinnen. Am Sonntag unternimmt er nicht selten Ausflüge in die nähere Umgegend. Die schöne niedersächsische Landschaft, die schmucken Dörfer und wohlgepflegten alten Städte und Kleinstädte, das lernte er jetzt kennen und lieben. Weiblicher Besuch aus Berlin fällt den Dienstkameraden auf und führt zu unerquicklichen Fragen. Da fährt er also lieber selber gelegentlich übers Wochenende in die geliebte, kaum zu vermissende Stadt — jedes Wiedersehen mit ihr stürzt ihn in Erregung und Trauer:

War Sonnabend/Sonntag in Berlin. Wie hat mich diese Stadt wieder erregt, ihre Abendstunde am Sonnabend zwischen 5 und 6, ihr monströser Genußapparat, ihre Sicherheit, ihr Mördergesicht, ihr kaltes Zerschmettern alles Provinziellen, kläglichen, kärglichen Nur-Wollens, hier heißt es: Form werden und vollbringen! Stadt mei-

nes Lebens, meines Schicksals, meiner schönsten Jahre! Immer werde ich Heimweh nach ihr haben. (16.9.1935 an F.W.Oelze. D. Verf.)

Nach erfolgter Umgewöhnung bekam ihm jedoch das neue Leben ganz gut, auch gesundheitlich. In der Wohnung, Arnswaldtstraße 3, kann er sich auch wieder etwas mit seinen Möbeln einrichten, hat seine Bücher um sich, sammelt sich geistig und ist bemüht, seine nun geklärte geistige Position mit aller Schärfe herauszuarbeiten. Er beginnt auch wieder zu schreiben, fast ausnahmslos Schreibtischladenarbeit, Sachen, an deren Veröffentlichung in absehbarer Zeit gar nicht zu denken war, darunter *Weinhaus Wolf*. Aber etliche neue Gedichte wurden mit früheren zu den *Ausgewählten Gedichten* vereinigt und erschienen 1936, kurz vor dem fünfzigsten Geburtstag des Dichters, bei der Deutschen Verlags-Anstalt in Stuttgart. Mit dem damaligen Verlagsleiter, Dr. Gustav Kilpper, war Benn bereits von früher bekannt.

«In der Dunkelheit»

Aber gleich nach dem Erscheinen gibt es Schwierigkeiten mit der «Schrifttum-Überwachungs»-Stelle; wegen «Anstößigkeit» müssen fünf Gedichte, aus der dichterischen Frühzeit Benns stammend, ausgeschieden werden. Der «bereinigte» Band darf dann endlich erscheinen. Eine Berliner Zeitung, das damals noch existierende «Berliner Tageblatt», bereitete ihm eine der wenigen letzten Freuden in dieser trüben Epoche. An den Verfasser dieses Geburtstagsartikels, Erich Pfeiffer-Belli, schrieb Benn ganz spontan:

... Ich sitze heute abend im Café Kröpcke, am Nebentisch liest ein Herr das B.T., ich sehe: «Der Fünfzigjährige», greife nach der Zeitung und lese was Sie schreiben. Eine Erschütterung ohnegleichen. Das andere, das abgedeckte Leben bricht plötzlich wieder herein, alle seine Dämonen, Kämpfe, Qualen, Widernatürlichkeiten, seine Neurosen, Beengungen, sein tierisches Müssen in die einzigen Ausgänge: die Worte. Wenn es bei Flaubert vielleicht begann, es ist lange nicht zu Ende: der Geist oder das Leben, es ist unversöhnbar beides, was Nietzsche noch nicht sah. Es verwirklicht sich nicht eines im andern, das ist politisches Geschwätz; «das Leben» ist überhaupt keine Wirklichkeit, es ist nur eine Wiederholung von Absurditäten, ein ewiges Rezidiv von Vorstufen, heute aufgezogen als «Geschichte». À bas – die Geschichte! Jenseits der «Geschichte» beginnt die Wirklichkeit, die anthropologische Wirklichkeit der geistigen Formen. Verraten wir die nie – wenigstens nie auf die Dauer und in unserem Herzen! Dies dachte ich bei Kröpcke. Dank Ihnen! Helligkeit über diesem Abend. Glückes genug für viele Dunkelheiten! ...

Es wird eine Zeit kommen – sie ist freilich noch fern und war damals kaum zu ahnen – da Benn kaum noch in der Lage ist, alles, was über ihn erscheint und ihn feiert, zu lesen, geschweige denn sich in jedem Falle ausführlich zu bedanken. Im Jahre 1936 jedoch, an seinem 50. Geburtstag in Hannover, erschütterte ihn ein so unverhoffter Artikel bis zu Tränen. Man mag daran ermessen, wie einsam es um ihn geworden war, wie verlassen er sich fühlte. Einen anderen, sehr enthusiastischen Geburtstagsartikel schrieb der mit ihm befreundete Frank Maraun unter dem Titel «Heroischer Nihilismus» in der «Berliner Börsenzeitung». Den Geburtstag verbrachte Benn mit seiner gerade volljährig gewordenen Tochter Nele, die aus Kopenhagen herbeigereist kam, in Hamburg. Wenige Tage nach seiner Rückkehr jedoch, am 7. Mai, brachte die offizielle Wochenzeitschrift der SS, «Das Schwarze Korps», unter dem Titel «Der Selbsterreger» einen wüsten Angriff gegen den Autor des eben erschienenen Gedichtbandes. «Ferkel» wurde er darin tituliert, «widernatürliches Schwein», «warmer Bruder», «Judenjunge», «dreckige Schmierereien», «scher dich doch dahin, wo deine Genossen Kerr, Tucholsky, Kästner sitzen». Der «Völkische Beobachter», das offizielle Parteiorgan, übernahm diesen Artikel am Tage darauf. Selbst der Verleger, der Benns Gedichtband in Stuttgart herausgebracht hatte, wurde drohend zur Rede gestellt. Ohne Benns vorzügliche Beziehungen zu hohen Vorgesetzten und das zu jener Zeit unter älteren Offizieren vorherrschende Ressentiment gegen Partei und besonders SS, hätte Benn weder diesen Schlag noch die kommenden überstanden. Gerade «Das Schwarze Korps» war berüchtigt wegen seines denunziatorischen Eifers und gefürchtet schon allein dadurch, daß es von niemand belangt oder gar verklagt werden konnte; es hat viele Existenzen auf dem Gewissen.

Die Entscheidung des Generals, des höchsten Vorgesetzten Benns in Hannover lautete: «‹Das Schwarze Korps›» ist ein solches Saublatt, es kann einen Offizier gar nicht beleidigen — wenn es Sie lobte, wäre es anders — der Fall ist erledigt. Sie bleiben!» In einem Briefe Benns an Maraun aus dieser Zeit steht folgende Erwägung:

Ich dachte neulich, was geschähe, wenn heute die Penthesilea erschiene. Eine Frau, die einen Mann liebt, Achill, ihn tötet und mit den Zähnen zerreißt! Zerfleischt! Sind wir denn Hunde, nein, wir sind Germanen! Perverser Adliger wagt seine vertierte Brunst Germanenfrauen vorzusetzen! Degenerierte Offiziers- und Junkerkaste besudelt mit schmutzigsten Orgasmen keusches, deutsches Heldenweib! Usw. Kurz: Kleist lebte nicht lange ...

Im Sommer 1937 erreichte es Benn endlich, zurück nach Berlin versetzt zu werden, wo er zuerst in der Kaiserallee 28 (heute Bundesallee) ein möbliertes Unterkommen fand. Die Freude, wieder Berliner Luft zu atmen, wurde aber sehr schnell durch einen neuen Angriff getrübt. Ein obskurer Maler und fanatischer SS-Mann namens Wolfgang Willrich hatte ein Buch geschrieben, «Säuberung des Kunsttempels. Eine kunstpolitische Kampfschrift zur Gesundung deutscher Kunst im Geiste nordischer Art», und unternahm es darin, den trotz des Angriffes in «Das Schwarze Korps» am Leben gebliebenen Benn nunmehr endgültig zu erledigen. Zu den üblichen und schon bekannten Vorwürfen und Beschimpfungen gesellt er noch einen delikaten Hinweis auf Rassenschande, er vermutet sie wenigstens, weil ja «die Jüdin» Else Lasker-Schüler diesen «Kulturbolschewisten» besungen habe. Der Fall lag besonders unangenehm, weil das Buch im Verlag J. F. Lehmann herausgekommen war, einem bekannten medizinischen Fachverlag, in dem auch viele wichtige Werke der Heeresmedizin herauskamen. Aber der Verleger Lehmann war «Blutordensträger». Er antwortete Benn, als dieser auf Befehl seiner Dienststelle Berichtigung verlangte: «Wenn Sie wüßten, daß Ihre Bücher in der Münchner Staatsbibliothek unter besonderem Verschluß gehalten werden und nur an solche herausgegeben werden, die nach parteiamtlichen Ausweis als Beruf das Studium künstlerischer Entartung und geistiger Perversitäten betreiben, würden Sie wohl den Mund halten.»

Auch dieser Fall konnte schließlich mit dem «platonischen Befehl» applaniert werden, für eine Berichtigung wenigstens in der zweiten Auflage zu sorgen — es kam natürlich nie dazu. Der dritte Schlag wurde im März 1938 geführt: eine förmliche Ausschlußerklärung aus der «Reichsschrifttumskammer», und damit verbunden das Verbot «jeder weiteren Berufsausübung», also radikales Schreib- oder jedenfalls Veröffentlichungsverbot. Wer das eigentlich veranlaßte, welche Treibereien dahinterstanden, konnte nie geklärt werden, Begründungen hielt man damals ohnehin meist für überflüssig. Aber dies war ein «offizieller Akt», über den auch wohlwollende Vorgesetzte nicht hinwegsehen konnten, und Benn verbrachte einige bange Wochen, ehe ihm diesmal die Entscheidung mitgeteilt wurde. Er konnte selbst jetzt noch gehalten werden, war allerdings fortan von der höheren (Generals-) Laufbahn ausgeschlossen. Nun, das focht ihn wenig an, er besaß ja ohnehin keinen militärischen Ehrgeiz, sondern hatte nur Schutz in der Armee gesucht. Nach diesem letzten Schlag verfaßte Benn folgenden Vierzeiler *Expressionist*:

Eine Münze wird man dir nicht prägen,
wie es Griechenland für Sappho tat,
daß man dir nicht einschlägt deinen Brägen,
ist in Deutschland schon Kultur-verrat.

1938 heiratete Gottfried Benn, seit siebzehn Jahren Witwer und Junggeselle, zum zweitenmal in seinem Leben. Er hatte Herta von Wedemeyer in Hannover beim Generalkommando kennengelernt, wo sie als Sekretärin tätig war und zuweilen auch für ihn arbeitete. Sie kam aus einer alten Offiziersfamilie. Ihr Vater war im Krieg geblieben, und sie lebte mit ihrer Mutter und einer Schwester in Hannover zusammen. Der Mann Gottfried Benn, der da in ihr Leben trat, unterschied sich recht aufregend von allen anderen Männern der Offizierswelt, in der sie aufgewachsen war und bisher gelebt hatte. Sie war groß, schlank, sehr scheu und zurückhaltend; alle, die sie kannten, preisen jedoch ihre Charakterstärke und menschliche Zuverlässigkeit. Es war keine Verbindung aus Leidenschaft, aber sie bescherte Benn in dieser wirren Zeit und während der kommenden trüben Jahre ein stilles, aufmerksames Umsorgtsein, eine völlig abgeschirmte häusliche Atmosphäre.

Eine große Freude war es für ihn, in Berlin auch noch seinen alten und besten Freund, den jüdischen Verleger Erich Reiß anzutreffen. So oft er nur Zeit hatte, saß er mit ihm wieder beim Bier zusammen — die beiden Männer waren sich natürlich über die Beurteilung der Lage und Zustände völlig einig. Es war dann auch Erich Reiß, der ihm über einen bekannten Makler eine neue Wohnung in Berlin verschaffte — und es war damals, wegen des übermäßigen Zuwandererstroms und des äußerst ungenügenden Wohnungsbaus (Regierungs-, Partei- und Militärbauten gingen selbstverständlich allem anderen vor), sehr schwer, im Westen der Stadt eine einigermaßen zusagende Wohnung zu finden. Diese Wohnung, Bozener Straße 20, Erdgeschoß rechts, war es, in der er bis zum Ende seines Lebens blieb. Der alte Bekanntenkreis war natürlich sehr zusammengeschmolzen, von einem literarischen Verkehr konnte keine Rede mehr sein. Er selbst erwähnt Renée Sintenis, Hans Flesch, «Muschelkalk» — es handelt sich um die Witwe von Ringelnatz, die sich in neuer Ehe mit einem jungen Augenarzt verheiratet hatte. Aber in Berlin lebten damals (bis 1943) auch noch die Pianistin Else C. Kraus, die Sängerin Alice Schuster, Ewald Wasmuth und noch manche andere, von denen nicht anzunehmen ist, daß sie sich von Benn fernhielten, weil er als «belastet» galt. Auch seine Geschwister sah er dann und wann, meist wenn eines von ihnen nach Berlin kam. Fast alle waren sie im Oktober 1939 in Mohrin bei der Beisetzung des 82-jährig verstorbenen Pfarrers i. R. Gustav Benn versammelt. An seine Tochter Nele in Dänemark berichtete Gottfried Benn darüber: *... Es hingen ja viele einfache und auch sehr aristokratische Leute an ihm. Die Feier in Mohrin war*

Benns zweite Frau Hertha von Wedemeyer

wunderbar friedlich und still. Der Sarg war in der Kirche aufgebahrt, mit herrlichen Kränzen bedeckt. Onkel Stephan hielt eine großartige Rede und dann gingen wir alle auf den Kirchhof vor der kleinen Stadt und nicht weit von der alten Mauer und begruben ihn neben meiner Mutter. Wir älteren Geschwister waren alle da . . . und viele Menschen aus Sellin, Trossin usw. Abends fuhren wir alle in der Dunkelheit nach Berlin zurück.

In der Dunkelheit, das bedeutete bereits nicht mehr nur das Dunkel der Nacht, sondern die militärisch angeordnete Verdunkelung. Das Deutsche Reich befand sich seit dem 1. September im Krieg; Polen hatte bereits kapituliert. Die Art der dienstlichen Tätigkeit Benns änderte sich durch den Krieg nicht; er arbeitete in der sogenannten «Versorgung», das betraf vornehmlich Gutachten (so etwa über die Selbstmorde in der Wehrmacht), Rentenfragen und Beschädigtenfürsorge; die Berliner Dienststelle befand sich im Gebäudekomplex des Oberkommandos in der Bendlerstraße. *Zwischen Akten und Gutachten kehrte ich gelegentlich zur Lyrik zurück* — auch dies gehört nämlich zu Benns Produktionsmethode, daß er, wie er mir selbst noch erzählte, mitten im angestrengten und lauten Dienstverkehr eine Viertelstunde oder auch nur fünf Minuten für die Weiterarbeit an irgendeinem Gedicht erübrigen konnte. Klopfte jemand an die Tür oder drohte Störung, dann verschwand das Manuskript unter dem Löschkarton.

Im Juni 1940 heiratet seine Tochter in (dem seit April wie ganz Dänemark von Deutschland besetzten) Kopenhagen; Benn erhält keine Reiseerlaubnis zur Hochzeit. Im September 1943, also kurz vor Beginn der schweren Luftangriffe auf die Reichshauptstadt, wird die Dienststelle samt ihrem Chef, dem nunmehrigen Oberstarzt Benn, nach Landsberg an der Warthe verlegt. *Ich nahm meine Frau mit, verschaffte ihr eine Stelle als Tippdame, wir wohnten in einer herrlichen Kaserne hoch über der Stadt, bekamen Essen . . . zu tun war nichts mehr, ich hatte so viel Zeit wie nie in meinem Leben, las, schrieb, — eigentlich waren diese anderthalb Jahre die ruhigste und glücklichste Zeit meines Lebens . . .* (Aus einem Brief an Thea Sternheim vom 12. 8. 1949)

Unwillkürlich denkt man bei diesen Worten an jenen Aufsatz aus dem Jahre 1922, worin er der ungeheuer produktiven Periode in Brüssel während des Ersten Weltkrieges nachsinnt: *. . . das Leben schwang in einer Sphäre von Schweigen und Verlorenheit, ich lebte am Rande, wo das Dasein fällt und das Ich beginnt. Ich denke oft an diese Wochen zurück; sie waren das Leben, sie werden nicht wiederkommen, alles andere war Bruch.* Nun also saß Gottfried Benn, 27 Jahre später, in einer, wenn auch nur teilweise vergleichbaren Lage. Er lebte ruhig, dienstlich unbelästigt, ohne materielle Sorgen, ganz seinen Gedanken, Träumen, Phantasien und Notizen überlassen. Um ihn war so etwas wie die unwirkliche Stille im Zentrum des Taifuns. In Deutschland gab es zu dieser Zeit kaum noch jemanden, der den Dichter Benn kannte oder seiner gedachte, wenn wir vom allerengsten, vom persönlichen Kreis absehen. Seit 1938 hatten die Verfolgungen aufgehört, teils, weil kein äußerer Anlaß mehr für irgendein offizielles Ärgernis bestand, teils und wahrscheinlich hauptsächlich, weil Politik und Krieg alle Funktionäre, auch die feindseligsten, vollauf mit Beschlag belegten. Die Ereignisse und die Vorgesetzten hätten Benn gar keinen größeren Gefallen erweisen können, als ihn in diese abgelegene, altpreußische Kleinstadt zu verbannen. Hier atmete er auf, sammelte sich endlich ganz und setzte an zu einer der großen Produktionsperioden seines Lebens, ebenbürtig nicht nur der zu Brüssel, sondern weit über sie hinausführend in die endgültige Meisterschaft, in die Erfüllung.

Er würde schon zu den Großen der deutschen Literatur gehören, wenn er nur die stählerne, die gehämmerte Prosa *IV. Block II, Zimmer 60* geschrieben hätte, die unvergängliche Schilderung eines Kasernenbetriebes in der Agonie des Zweiten Weltkrieges als kurze Durchgangsstation für die letzten Jahrgänge, die noch zu «verheizen» waren. Hier der Schluß dieses Prosastückes:

Und dann kam im Osten das Ende. Wenn man am 27. 1. 45 beim Stadtkommandanten vorsprach und fragte, was machen wir denn mit unseren Sachen, die wir mühsam seinerzeit aus Berlin hierhergeschleppt hatten, wenn die Russen kommen, antwortete der Adjutant, ein SS-Hauptmann: wer so fragt, wird an die Wand gestellt, die Russen kommen nicht durch. Möglich, daß mal ein Spähpanzer in der Ferne sichtbar wird, aber die Stadt wird gehalten und wer etwa seine Frau nach Berlin zurückschickt, wird ebenfalls erschossen. In der folgenden Nacht um 5 Uhr war dann Alarm, Artilleriebeschuß und wir liefen mit einer Aktenmappe im Schneesturm bei 10 Grad Kälte zu Fuß nach Hause auf den vereisten Chausseen, verstopft von den endlosen Trecks mit ihren Planwagen, aus denen die toten Kinder fielen. In Küstrin wurden wir dann auf einen offenen Viehwagen verfrachtet, der uns die 60 Kilometer nach Berlin in zwölf Stunden unter Fliegersalven zum Bahnhof Zoo brachte. So verlief das Ende des ganzen Ostens, Stadt für Stadt. In der Wohnung waren dann fremde Leute, die Stuben leer, wir deckten uns mit meinem Soldatenmantel und Zeitungspapier zu, um aufzuwachen, als die Sirenen heulten. So klang es aus, das Blockleben, Zimmer 60.

In dieser Kaserne schrieb ich: «Roman des Phänotyps», viele Teile aus «Ausdruckswelt», darunter «Pallas» und aus den «Statischen Gedichten», z.B. «Ach, das ferne Land», «September», «Dann —» u.a.

Benns Frau Herta litt damals schwer an Arthritis, konnte kaum gehen; er schickte sie so bald wie möglich aufs Land, ins Dorf Neuhaus bei Wittenberge an der Elbe. Keine Dienststelle in Berlin mehr, die für ihn zuständig gewesen wäre, das übliche Hin- und Herschieben, wenige Wochen später begann die Einschließung Berlins und bald darauf die Eroberung, ein Bezirk nach dem anderen. Am 30. April dringen die Sowjetsoldaten auch in die Bozener Straße ein. Die darauffolgenden sechs Wochen bis zum Eintreffen der westalliierten Truppen gehören zusammen mit den Wochen der vorangegangenen Straßenkämpfe zum Inferno Berlins — es gibt bis heute keine umfassende und verläßliche Chronik darüber; vielleicht läßt es sich auch gar nicht beschreiben.

Gottfried Benn hat von dieser Zeit nur andeutungsweise gesprochen. Selbstverständlich wurde er, den man oft in Uniform gesehen hatte, auch denunziert, etliche Male verhaftet und verhört, es ging jedoch alles glimpflich vorüber; zu seinen Gunsten entschied freilich auch, daß er Arzt war und in Berlin ein würgender Ärztemangel herrschte. Begreiflicherweise gab es in diesen Wochen auch besonders viel in Benns ärztlichem Spezialfach zu tun; trotz aller strengen Befehle war ein Berliner Arzt damals machtlos, wenn ihn russische Militärpersonen zur Behandlung von Krankheiten zwangen, die sie aus Angst vor Bestrafung verheimlichen wollten. Manche bestanden mißtrauisch darauf, daß der Doktor Benn zuerst die Tabletten oder Salben selber ausprobiere; andere waren menschlicher und brachten Zigaretten und Lebensmittel mit.

Am 5. April war Herta Benn in das bereits erwähnte Dorf an der Elbe gefahren. Bald darauf hörte jeglicher Postverkehr auf, keine Nachricht erreichte mehr ihr Ziel. Im Juni schickte Benn seine Hausangestellte mit Papieren, Geld und etwas Lebensmitteln los, aber das bedauernswerte Wesen wurde auf halbem Wege von der Soldateska aufgegriffen und kehrte erst nach Wochen ergebnislos, völlig zerschunden und krank zurück. Erst kurze Zeit nach dem Einzug der Amerikaner, am 27. Juli kam die erste Nachricht. Es klingelte, draußen stand ein *kleiner fremder Mann mit riesig viel Goldzähnen,* der *mir einen Brief von Herta brachte, dann eine lange Pause machte und sagte: «ich muß aber leider hinzufügen, daß sich der Briefschreiber am nächsten Tag das Leben nahm» —; ich denke immer noch jeden Tag an diese grauenvolle Stunde. Weiteres wußte er nicht, er hatte den Brief von Flüchtlingen bekommen und Weiteres erfuhr ich erst wochenlang später.*

Das Dorf Neuhaus rechts der Elbe war erst von Engländern besetzt gewesen, bald aber wieder geräumt und wie alles Gebiet rechts der Elbe den Russen übergeben worden. *Sie wollte über die Elbe auf das andere Ufer, wurde im Stich gelassen und kam nicht mit. Kehrte um und fand ihr Unterkommen besetzt. Hatte wohl niemanden, der ihr helfen konnte. Sehr mutig und lebensvoll war sie schon lange nicht mehr, vor allem: sie war ohne jede Nachricht von mir, hielt mich wohl für tot oder gefangen und da tat sie es denn.*

Im September gelingt es Benn endlich, nach Neuhaus und an ihr Grab zu gelangen. Er schreibt darüber in einem Brief an Else C. Kraus im November 1945:

Überhaupt nichts in meinem Leben hat mich so erschüttert wie dieser Tag in dem armseligen Dorf, in der Küche, in der sie seit Monaten wohnte und auf mich wartete, auf dem Boden, wo sie in einer Ecke auf einem Kartoffelsack, der auf Holzspänen lag, sich die Mor-

phiumeinspritzungen machte, an denen sie dann am nächsten Tag in dem kleinen Krankenhaus starb. Es war das Morphium, das wir beide für den bestimmten Fall beiseitegestellt hatten und das sie ohne mein Wissen mitnahm . . .

Im April 1946 besuchte ihn seine dänische Tochter als «War correspondent» in Berlin. Sie berichtet: «Er öffnete selbst die Tür. Da stand er, völlig verändert. Mein Vater war doch seit seinem dreißigsten Jahr immer vollschlank — dick wollen wir nicht sagen. Er war immer ein kleiner, breiter Mann von sehr gesundem und wohlgefüttertem Aussehen. An diesem Aprilnachmittag 1946 aber stand in der Tür ein ganz kleiner, dünner Mann, der viel, viel älter aussah als seine bald sechzig Jahre. Seine Augen waren von schwarzen Rändern umgeben und lagen tief in den Höhlen. Ich mußte weinen. Er sah unheimlich aus . . .» Bald darauf, am 2. Mai, war sein 60. Geburtstag. *Ich aß wie immer mit meinem Dienstmädchen in der Küche und sie unterhielt mich darüber, daß an ihrem neuen Kostüm die Rückenfalte noch nicht säße und nochmals aufgetrennt werden müßte,* berichtete er darüber. «Am späten Nachmittag gegen sechs Uhr kam Frau Änne Ullstein zu ihm», heißt es dazu in dem Erinnerungsbüchlein seiner Tochter Nele. Sie fährt fort:

«Mein Vater kannte die Ullsteins seit 1919 und die Freundschaft wurde bis zu dem Tode meines Vaters bewahrt. Frau Ullstein brachte ihm zum Geburtstag einen großen Strauß Flieder und dazu sogar eine kleine Flasche Kognak.

‹Ich brauchte nicht zu läuten›, so erzählte sie mir: ‹Denn er stand in der offenen Tür und sagte: ‚Ich wußte, daß Sie kommen.' Wir gingen dann in sein Zimmer und haben uns mit allen vorhandenen Mänteln und Decken eingewickelt, denn es war grausam kalt. Er als Arzt hatte die Erlaubnis, zeitweise seinen elektrischen Ofen zu benutzen. Der Ofen stand vor uns, und wir warteten, daß der Strom

Berlin, Mai 1945: Sowjetische Soldaten

eingeschaltet würde. Er wurde aber nicht eingeschaltet. Wir sprachen lange miteinander . . .›»

Über seine persönliche Stimmung an diesem Tage schrieb er:

. . . die vier Jahrzehnte, in denen ich geistig tätig sein konnte, sind dahin. Und wenn man das Ganze überdenkt, überblickt, kommen Stunden, wo man müde wird, stumpf, von Apathie bedrängt. Man war im günstigsten Fall ein Chargenspieler, ein Sonderfall, ein Spezialist — große Rollen, abendfüllende Figuren fielen einem nicht zu. Sechzig Jahre — und des Lebens Verfall und Verwahrlosung in einige Prosasätze bündeln oder in ein paar Verse balancieren — wenn das alles ist, gibt es offenbar nur eins: nicht alt werden, nicht so alt, daß man seine eigene Leiche liegen sieht und über sie lacht . . .

Wenn das alles ist – nun es war nicht, es war durchaus nicht alles, das Leben hielt noch etliche Überraschungen bereit. Im letzten Jahrzehnt seines Lebens erreichte ihn der Ruhm – nicht mehr der beschränkte und fragile Ruhm des Berlins der zwanziger Jahre, sondern der große und nachhaltige, dem kein geschichtlicher Wechsel mehr etwas anzuhaben vermag.

Dieses letzte Jahrzehnt ist deswegen nun freilich auch überdokumentiert, es ist geradezu von Monat zu Monat, ja, von Tag zu Tag zu belegen und mit Äußerungen aller Art zu illustrieren. Mehr als zwei Drittel des Bandes seiner Briefe entstammen dem letzten Jahrzehnt. Dazu kommen die vielen persönlichen Bemerkungen in seinen neuen Werken wie in den Vorworten zu den älteren, die Erinnerungen von Hunderten meist bedeutenden Menschen an Begegnungen und Gespräche mit ihm. Es wurde schließlich fast jedes Wort bewahrt, das er sagte. Für dieses Jahrzehnt darf und muß sich ein Biograph also auf die Erwähnung des Wichtigen oder sogar nur des Wichtigsten beschränken – er darf sich gegen jeden Einwand auf die Gegenfrage zurückziehen; ob es nämlich überhaupt etwas Unwichtiges gäbe, wenn man alle Ereignisse des persönlichen und privaten Lebens auf die geistige Geltung, auf die künstlerische Bedeutung bezöge? Im letzten Lebensjahrzehnt Benns verschlingen sich Werk und Leben so exemplarisch und öffentlich, bemächtigt sich auch die bloße Neugier seiner Existenz in einem Maße, daß selbst das rein Anekdotische unverhältnismäßig ins Kraut schießt. Es hieße demnach, biographisch die Proportionen verfehlen, wenn man von dem Glücksumstand einer überreichlichen Dokumentation einen unverhältnismäßigen Gebrauch machte.

Im Dezember 1946 schließt Benn seine dritte und letzte Ehe mit der Zahnärztin Dr. Ilse Kaul, die nicht weit von seiner Wohnung ihre Praxis betrieb und die er kennengelernt hatte, als sie zu ihm in die Sprechstunde kam, um sich gegen Typhus impfen zu lassen, laut Vorschrift der Militärregierung. Es war zunächst ein gewisses Wagnis für beide Teile, denn Gottfried Benn ist beinahe doppelt so alt wie seine junge Frau. In der Folge jedoch wurde es von allen drei Ehen Benns nicht nur die längste, sondern auch die beste und glücklichste, ja, man darf behaupten, daß Benn erst in dieser Verbindung ein bemerkenswertes Talent zum Ehemann entwickelte und damit viele entgegenstehende Aussprüche und Bemerkungen in seinen Briefen und Werken praktisch desavouierte. Ilse Benn pries er als die Gefährtin, *eine Generation jünger als ich, die nun mit zarter und kluger Hand die Stunden und die Schritte und in den Vasen die Astern ordnet.* Ihr verdankt er sehr wesentlich den enormen Auftrieb, die große Woge künstlerischen Schaffens im letzten Jahrzehnt, das vielgerühmte «Alterswerk».

Das Stimmungstief, in das Benn nach Kriegsende geraten war, erklärt sich natürlich in erster Linie aus den furchtbaren Erlebnissen dieser Zeit, aber auch aus der Gesamtperspektive dieser erbarmungslosen Jahre und den dazu gehörigen Betrachtungen über das Schicksal seiner Generation:

Meiner Generation — soweit sie am Leben blieb und Zeit hatte, etwas anderes zu betreiben als Aufmärsche und Krieg. Ganz direkt gesagt: soweit sie Zeit hatte, nackte, körperliche Zeit, so weit ihr der das ließ, der sich Staat nannte und nichts anderes tat, als Tod und Genickschüsse in sie zu säen und Lügen über das Menschenwesen und eine wahre, erbarmungswürdige Notdurft an Sachen und Brot. Als Beispiel dieser Generation erwähne ich meine eigene Familie: drei meiner Brüder fielen auf dem Schlachtfeld, ein vierter wurde zweimal schwer verwundet, die Übriggebliebenen wurden total bombengeschädigt, verloren alles. Mein Vetter ersten Grades, der Schriftsteller Joachim Benn, fiel in der Somme-Schlacht, sein einziger Sohn im letzten Kriege, von diesem Zweig der Familie ist nichts mehr übrig. Ich selbst war folgende Jahre ohne Unterbrechung als Arzt im Krieg: 1914 bis 1918, 1939 bis 1944. Meine Frau kam 1945 in unmittelbarem Zusammenhang mit den Kriegshandlungen um. Dieser Überblick wird ungefähr der Durchschnitt dessen sein, was eine etwas umfangreiche deutsche Familie der ersten Hälfte des zwanzigsten Jahrhunderts erlebte. Da blieb nicht viel Muße, diese Zeit im Sinne Hegels in Begriffe zu fassen. (*Ausdruckswelt. Vorwort*)

April 1947

Zu dieser privaten Düsternis gesellte sich jedoch gleich noch die

Erfahrung, daß nach dem Zusammenbruch zwar alle Schikanen und Willkürmaßnahmen des Hitlerregimes zu gelten aufhörten, nicht jedoch zum Beispiel das Schreibverbot gegen Gottfried Benn. Es galt vielmehr weiter, bloß mit umgekehrten Vorzeichen. Zwar begannen bereits im Herbst 1945 die Spannungen zwischen den Siegern, zwischen den Westmächten und Sowjetrußland, sie verschärften sich bis zu jenem gefährlichen Konflikt durch die Blockade Berlins. Völlig einig schienen sich jedoch Ost und West — wenn auch aus völlig verschiedenen Gründen — über die fortdauernde «Untragbarkeit» Benns zu sein. Er stand also weiterhin, hüben und drüben, auf sämtlichen schwarzen Listen, in jeder Besatzungszone Deutschlands, in jedem Sektor Berlins.

Die ersten Aufsätze, die sich nach dem Kriege wieder mit Benn befaßten, sei es zustimmend oder ablehnend, erschienen in Amerika, Schweden und in der Schweiz. Auch die erste Publikation geschah nicht in Deutschland, sondern in der Schweiz. Peter Schifferli, der Inhaber des «Arche»-Verlags, brachte 1948 in Zürich den schmalen Band *Statische Gedichte* heraus, enthaltend 43 Gedichte aus den Jahren 1937 bis 1947. Die zu einem Teil geradezu enthusiastischen Besprechungen dieses Gedichtbandes in der Zeitungs- und Zeitschriftenpresse wie auch im Rundfunk schlug die erste entscheidende Bresche in die Mauer des Schweigens und Verschweigens. Neben den Gedichten Benns nahm sich die gesamte zeitgenössische Lyrik so kümmerlich und eklektisch aus, daß nahezu mit einem Schlage wieder ein zureichender Maßstab gesetzt werden konnte. Auch die Münchner Zeitschrift «Merkur» griff in die Diskussion ein; ihre Herausgeber wandten sich an den Dichter um Beiträge. Benns Antwort, bald darauf unter dem Titel *Berliner Brief* während der Berliner Blockade veröffentlicht, hatte die Wirkung einer Fanfare ...:

Der Ruhm hat keine weißen Flügel, sagt Balzac; aber wenn man wie ich die letzten fünfzehn Jahre lang von den Nazis als Schwein, von den Kommunisten als Trottel, von den Demokraten als geistig Prostituierter, von den Emigranten als Renegat, von den Religiösen als pathologischer Nihilist öffentlich bezeichnet wird, ist man nicht so scharf darauf, wieder in diese Öffentlichkeit einzudringen. Dies um so weniger, wenn man sich dieser Öffentlichkeit innerlich nicht verbunden fühlt. Ich meinerseits habe es nämlich nicht unterlassen, die literarische Produktion der vergangenen drei Jahre auf mich wirken zu lassen und mein Eindruck ist folgender: innerhalb des Abendlandes diskutiert seit vier Jahrzehnten dieselbe Gruppe von Köpfen über dieselbe Gruppe von Kausal- und Konditionalsätzen und kommt zu derselben Gruppe von sei es Ergebnissen, die sie Synthese, sei es von Nicht-Ergebnissen, die sie dann Krise nennt — das Ganze wirkt schon etwas abgespielt, wie ein bewährtes Libretto, es wirkt erstarrt und scholastisch, es wirkt wie eine Typik aus Kulisse und Staub. Ein Volk oder das Abendland, das sich erneuern möchte, und manches läßt darauf schließen, daß es sich auch noch erneuern könnte, ist mit dieser Methode nicht zu regenerieren. — Ein Volk regeneriert sich durch Emanation von spontanen Elementen, nicht durch Pflege und Hochbinden von historisierenden und deskriptiven. Diese letzteren aber füllen bei uns den öffentlichen Raum. Und als Hintergrund dieses Vorgangs sehe ich etwas, das, wenn ich es ausspreche, Sie als katastrophal empfinden werden. Das Abendland geht nämlich meiner Meinung nach gar nicht zugrunde an den totalitären Systemen oder den SS-Verbrechen, auch nicht an seiner materiellen Verarmung oder an den Gottwalds und Molotows, sondern an dem hündischen Kriechen seiner Intelligenz vor den politischen Begriffen. — Sie winkten mir freundlich mit einem Handschuh und ich erwidere mit etwas wie einer Nilpferdpeitsche. Aber ich wiederhole nochmals, ich verallgemeinre nichts, ich erweitere meine Existenz nicht über meine Konstitution. Sie sollten nur aus meinen Zeilen entnehmen, daß meine Besorgnis, nicht wieder gedruckt zu erscheinen, keine große sein kann — mein Nihilismus ist universal, er trägt — er weiß die unausdenkbare Verwandlung. Und damit leben Sie wohl und nehmen Sie Grüße aus dem blockierten, stromlosen Berlin, und zwar aus dem seiner Stadtteile, der ... nahe am Verhungern ist. Geschrieben in einem schattenreichen Zimmer, in dem von vierundzwanzig Stunden zwei beleuchtet sind, denn ein dunkler, regnerischer Sommer nimmt zusätzlich der Stadt die letzte Chance eines kurzen Glücks und legt seit dem Frühjahr einen Herbst über ihre Trümmer. Aber es ist die Stadt, deren Glanz ich liebte, deren Elend ich jetzt heimatlich ertrage, in der ich das zweite, das dritte und nun das vierte Reich erlebe und aus der mich nichts zur Emigration bewegen wird. Ja, jetzt könnte man ihr sogar eine Zukunft voraussagen: in ihre Nüchternheit treten Spannungen, in ihre Klarheit Gangunterschiede und Interferenzen, etwas Doppeldeutiges setzt ein, eine Ambivalenz, aus der Zentauren oder Amphibien geboren werden ...

Im Herbst 1948 endlich gelang es dem Verleger Max Niedermayer in Wiesbaden nach zähen Kämpfen gegen alle Widerstände und Behörden die Druckerlaubnis für Gottfried Benn zu erlangen. Als erstes Buch erschien die Szenenfolge *Drei alte Männer*. Mit Recht trägt es seit der zweiten Auflage den Vermerk «Dies ist das erste Buch Gottfried Benns, das nach zwölfjähriger Unterbrechung — 1948 — wieder in Deutschland erschien». Bald folgte als deutsche Lizenzausgabe *Statische Gedichte*, und dann, von der neuen Prosa, schnell hintereinander *Der Ptolemäer* (darin auch *Weinhaus Wolf* und *Roman des Phänotyp*) und der Essayband *Ausdruckswelt*. Es verging hierauf bis zum Tode Benns fast kein Jahr mehr ohne neue Publikation, Lyrik oder Prosa. Zwischen dem Dichter und dem Verleger entwickelte sich auch bald ein persönliches Vertrauensverhältnis. Jeden Sonnabend zu pünktlicher Stunde rief Max Niedermayer aus Wiesbaden seinen berühmten Autor an und führte mit ihm schon allein auf diese Weise (abgesehen von persönlichen Besuchen) unzählige Gespräche, die durchaus nicht nur Verlegerisches und Berufliches betrafen. Kein Wunder also, daß Benn testamentarisch den Wunsch hinterließ, sein Gesamtwerk beim Limes Verlag zu belas-

Der Verleger Max Niedermayer

sen. Auch in den Gesprächen mit mir nannte er Max Niedermayer oft genug seinen «Freund». In einem der ersten Briefe an ihn heißt es: *Sie sehen, sehr verehrter Herr Niedermayer, in welche Verstrickungen ich Sie zu führen gezwungen bin, wenn Sie sich mit mir als Autor einzulassen die Gewogenheit haben wollen ...* Etliche Jahre später: ... *Ich bin mir völlig klar darüber, daß ich mir durch diese neue Publikation* (Die Stimme hinter dem Vorhang. D. Verf.) *Anhänger verscherze und Chancen äußerer Art nehme (Preise usw.), aber wenn etwas aus echter produktiver Substanz und menschlicher Notwendigkeit stammt und strömt, wäre es feige, zurückzuschrecken. Ihnen muß ich um so dankbarer sein, daß Sie sich meiner annahmen. Also, auf in den Kampf — wenn es sein muß ...*

Wie lebt er, wie verläuft sein Alltag? In einem Brief an Thea Sternheim aus dem Jahre 1949 berichtet er:

Es sind vier Zimmer, eines für meine Praxis, eines für die meiner Frau, ein gemeinsames Wartezimmer und ein Hofzimmer, wo wir privat wohnen. Wenn mal jemand herkommt, was Gott sei Dank selten der Fall ist, ist er entsetzt über dies Hinterzimmer (parterre), wo im Hof die Wäsche des ganzen Hauses hängt und die Hühner gackern (die nicht einmal meine eigenen sind), aber mich stört das alles nicht, ich bin völlig unabhängig von äußeren Dingen und finde jede Art von repräsentativem und gesellschaftlichem Leben lächerlich und unerträglich, meine ganze Natur ist ja weiter immer das gänzliche Alleinsein. Zur Zeit ist meine Frau für einige Wochen verreist, die Praxis totenstill, die Hausangestellte alt und tüchtig, ich spreche tagelang kein Wort außer: bitte Pflaumenkompott und abends Haferflocken, und dieser Zustand ist mein Glück. Sie schreiben merkwürdig leicht über das Altwerden, ich empfinde es als eines der größten Rätsel und nicht leicht zu ertragen, die inneren und äußeren Müdigkeiten, die unerklärlichen Mißstimmungen, die Fremdheit, die man plötzlich in sich selber spürt, auch die Hoffnungslosigkeit des Ganzen ... Ich stehe mit keinem der früheren Kollegen mehr in Verbindung, sie haben sich alle so hundsföttisch gegen mich benommen, als es mir politisch schlecht ging, sie sind ja auch alle produktiv am Ende, keiner schreibt mehr etwas, das mich interessieren könnte. Als Fazit meiner Existenz sage ich, daß es nichts Besseres für einen potenten Kopf gibt, als immer wieder und das ganze Leben für anrüchig zu gelten und unterdrückt zu werden, wer sich diesem Gesetz beugt, kommt durch, und ich denke oft an das Wort von Monet: «Il faut décourager les arts.»

Er zog sich später völlig, auch mit seiner eingeschränkten Praxis, in das kleine Hofzimmer zurück: als er 1953 (nachdem ihm endlich eine Pension auf Grund seiner langen militärärztlichen Tätigkeit bewilligt worden war) seine Praxis schloß, beließ er alle ärztlichen Requisiten darin. Zum gemeinsamen Wohnzimmer diente nun das dritte der drei Vorderzimmer; hier empfing er auch seine Gäste: nie unangemeldet, immer mit der Bitte, nicht allzulang zu bleiben — nur mit einem zog sich ein ungemein spannendes Gespräch bis in die ersten Morgenstunden: das war 1952 beim ersten und einzigen Besuch Ernst Jüngers.

In den fünfziger Jahren lernte er ausgiebig jene unvermeidlichen Schattenseiten des Berühmtseins kennen, die sich nicht nur durch einen überreichlichen Briefstrom kundtun, sondern auch durch die unzähligen Wünsche, seine persönliche Bekanntschaft zu machen. Aber für derlei besaß er eine alte und sichere Übung im «Abwimmeln»; er empfing prinzipiell niemand zu Hause, der sich nicht vorher vergewissert hatte, ob er willkommen sei. Gegen unangemeldete Störenfriede wehrte er sich mitunter ganz brüsk und fertigte sie an der Wohnungstür ab: «Ich kann Sie leider nicht hereinbitten, ich habe zu arbeiten. Bitte, rufen Sie das nächste Mal wenigstens vorher an!»

Schwierig war mitunter der Umgang mit den diversen «Zelebritäts-Odalisken» — das ist eine Bezeichnung für jene teils rührenden, teils impertinenten Klammeräffchen des Ruhms, die um jeden Preis «dazugehören» möchten.

In diesem seinem Hinterzimmer also, immer abgeschirmt gegen zu starkes Licht, arbeitete er auch, so umlagert meist von Büchern und Konvoluten, daß er sich oft kaum bewegen konnte. Er rauchte gerne, fast immer seine Lieblingsmarke «Juno», aber er inhalierte nicht. Im übrigen war er ein Fanatiker der genauen Tageseinteilung, der pünktlichen Mahlzeiten und der gewissenhaften Erledigung der Alltagspflichten.

Ich lernte ihn erst nach dem Zusammenbruch kennen; der persönliche Verkehr wurde zudem von 1949 bis 1951 durch meine Tätigkeit in Hamburg unterbrochen. Aber nach meiner Rück- und Heimkehr im Herbst 1951 entwickelte sich zwischen uns ein nachbarlich-freundschaftliches Vertrauensverhältnis, das bis zum Tode Gottfried Benns im Jahre 1956 anhielt.

«Sela, Psalmenende»

Wenn Gottfried Benn einst selbst hin und wieder auf Tod und Ende anspielte, gebrauchte er gern die märkische Wendung: «Ich werde mir wohl bald die Kartoffeln von unten besehen.» So sagte man und so sagt man wohl noch heute in der Mark, wenn auch nicht mehr in der Neumark jenseits der Oder, wo er seine Kindheit verlebte. Er wurde in Berlin begraben, derjenige Teil von ihm, den man euphemistisch-verlegen die sterbliche Hülle zu nennen pflegt, liegt seit 1956 auf dem Waldfriedhof in Berlin-Dahlem. Das Grab ist gut gepflegt. Fast immer liegen frische Blumen darauf. Dieses Grab gibt es also und die Blumen darauf und natürlich auch die kleine Bozener Straße in Berlin-Schöneberg, wo er bis zu seinem Tode lebte. Es ist und bleibt «Doktor Benns Straße» für alle, die ihn kannten, wenn sie auch nicht oder jedenfalls noch nicht so heißt, und wenn in seiner Wohnung — Nr. 20, Erdgeschoß rechts — heute fremde Leute wohnen, wenn auch das kleine Ecklokal am Ende der Straße von einem neuen Wirt so hochelegant verwandelt wurde, daß man es kaum wiedererkennt. In diesem Lokal, als es noch schön verräuchert und abgenutzt aussah, traf ich mich meistens mit Gottfried Benn in den letzten fünf oder sechs Jahren seines Lebens. Ich hatte es nur ein paar Schritte weiter als er, denn ich wohnte in derselben Straße, nur einige Häuser entfernt, nicht Erdgeschoß allerdings wie er, sondern in einer Mansardenwohnung, wo man über Dächer und noch einiges andere hinwegblickt. Hier, in diesem Ecklokal, überreichte er mir auch eines Abends das Bändchen *Apreslude,* ein unheimlich beziehungsvoller Titel und darin die letzten Gedichte, das letzte œuvre jedenfalls und für mich das letzte Werk mit Benns eigenhändiger Widmung. *Sela, Psalmenende* heißt es in Anführungszeichen über der rein persönlichen Zueignung. Es war ein Zitat aus einem der Gedichte dieses Heftchens. Das Gedicht selbst kannte ich bereits, weil es ein Jahr vorher im «Merkur» vorabgedruckt worden war, und auch die Stimmung des Gedichts war mir wohlvertraut, dieses Gemisch aus echter Trauer und schnoddriger Melancholie, die ihn in dieser letzten Lebenszeit zunehmend beherrschte. Das Gedicht heißt *Teils-Teils* und lautet:

In meinem Elternhaus hingen keine Gainsboroughs
wurde auch kein Chopin gespielt
ganz amusisches Gedankenleben
mein Vater war einmal im Theater gewesen
Anfang des Jahrhunderts
Wildenbruchs «Haubenlerche»
davon zehrten wir
das war alles.

Bozener Straße 20

Nun längst zu Ende
graue Herzen, graue Haare
der Garten in polnischem Besitz
die Gräber teils-teils
aber alle slavisch,
Oder-Neiße-Linie
für Sarginhalte ohne Belang
die Kinder denken an sie
die Gatten auch noch eine Weile
teils-teils
bis sie weiter müssen
Sela, Psalmenende.

Heute noch in einer Großstadtnacht
Caféterrasse
Sommersterne
vom Nebentisch
Hotelqualitäten in Frankfurt
Vergleiche,
die Damen unbefriedigt
wenn ihre Sehnsucht Gewicht hätte
wöge jede drei Zentner.

Aber ein Fluidum! Heiße Nacht
à la Reiseprospekt und
die Ladies treten aus ihren Bildern:
unwahrscheinliche Beauties
langbeinig, hoher Wasserfall
über ihre Hingabe kann man sich gar nicht erlauben
nachzudenken.

Ehepaare fallen demgegenüber ab,
kommen nicht an, Bälle gehn ins Netz,
er raucht, sie dreht ihre Ringe,
überhaupt nachdenkenswert
Verhältnis von Ehe und Mannesschaffen
Lähmung oder Hochbetrieb.
Fragen, Fragen! Erinnerungen in einer Sommernacht
hineingeblinzelt, hingestrichen,
in meinem Elternhaus hingen keine Gainsboroughs
nun alles abgesunken
teils-teils das Ganze
Sela, Psalmenende.

Es währte nur siebzig Jahre, das Leben Gottfried Benns, nicht die achtzig des 90. Psalms – aber selbstverständlich hat der Dichter in diesem Gedicht nicht irgendeinen bestimmten Psalm gemeint, und was das hebräische «Sela» in einigen Psalmen genau bedeutet, wissen wir bis heute nicht. Das Wort wird übrigens in der studentischen Umgangssprache bis über die Jahrhundertwende hinaus gebraucht, im Sinne etwa von: abgemacht, erledigt, reden wir nicht mehr darüber! So ungefähr erklingt es auch hier, zwar biblisch von Herkunft, aber ganz unfeierlich. Benn war ein außerordentlicher Bibelkenner, und zwar aus Neigung und Bewunderung, keineswegs bloß, weil er als Pfarrerssohn von früher Jugend an mit ihr umgehen gelernt hatte. Mit Vorzug zitierte er aus dem Alten Testament und den Psalmen, aber auch die Apokalypse mit ihrem gewaltigen Bilderstrom war ihm stets zur Hand. Jedwede sprachliche Untersuchung über Benn, die den Anteil und den enormen Einfluß des Luther-Deutsch außer acht ließe, wäre unzulänglich. Wie hat er sich noch über jene «Verbesserungen» mokiert, die etwa das «irrtümliche» Wort «Wohlgefallen» ausmerzen in der Weihnachtserzählung: «... und den Menschen ein Wohlgefallen» — der ganze sprachliche Zauber der Engelsbotschaft ist dahin, wenn auch nur einer dieser glokkenhaften Vokale fortbleibt!

Aber nicht einmal daraus, daß er in den letzten Jahren seines Lebens noch öfter in der Bibel blätterte als früher, sollte man folgern, es wäre darin eine Art Frömmigkeit als nicht eben seltene Alterserscheinung zu erblicken. Sein Verhältnis zum Glauben hatte vielmehr

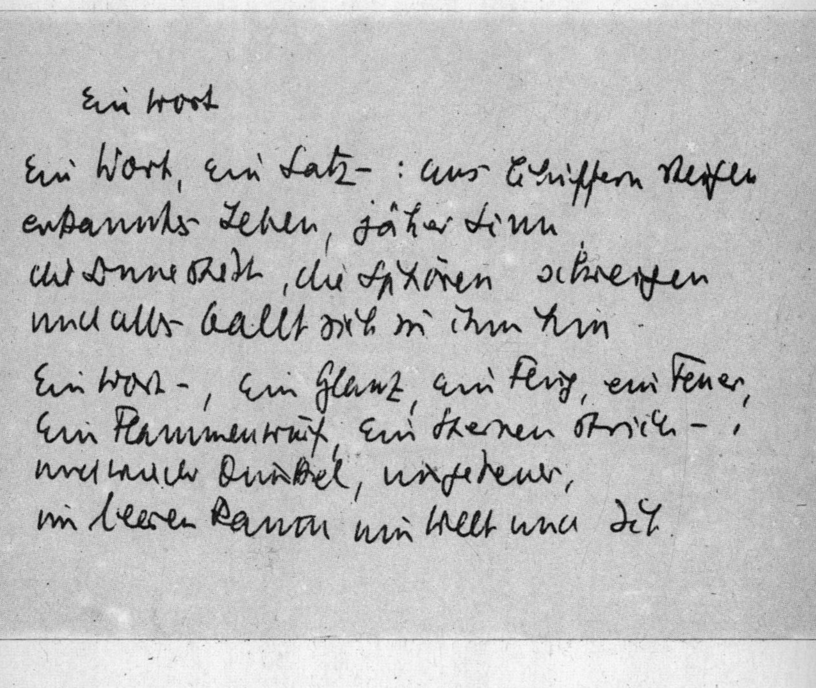
Ein Wort

Ein Wort, ein Satz –: aus Chiffern steigen
erkanntes Leben, jäher Sinn,
die Sonne steht, die Sphären schweigen
und alles ballt sich zu ihm hin.

Ein Wort –, ein Glanz, ein Flug, ein Feuer,
ein Flammenwurf, ein Sternenstrich –,
und wieder Dunkel, ungeheuer,
im leeren Raum um Welt und Ich.

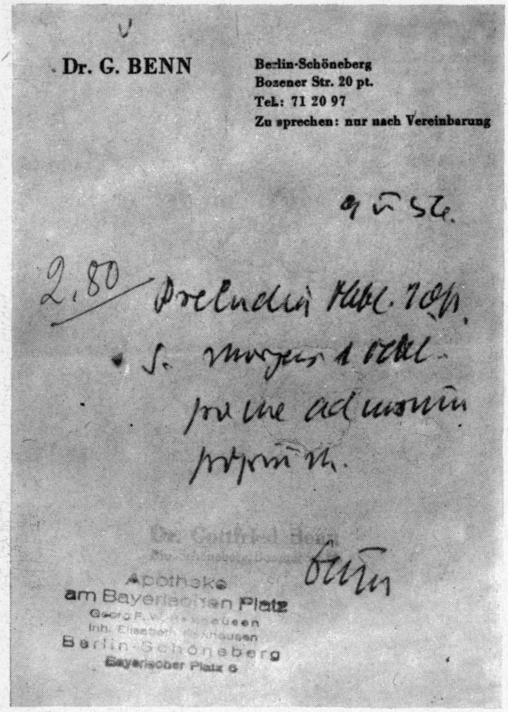

Dr. G. BENN

Berlin-Schöneberg
Bozener Str. 20 pt.
Tel.: 71 20 97
Zu sprechen: nur nach Vereinbarung

9. V. 56.

2,80

Apotheke
am Bayerischen Platz
Berlin-Schöneberg
Bayerischer Platz 6

Ein Rezept des Dr. Benn

auch etwas den Charakter dieses «Teils-Teils». Er ließ das meiste dahingestellt, äußerte sich selten und ungern darüber. Die starke religiöse Welle nach dem Zweiten Weltkrieg allerdings beurteilte er sehr mißtrauisch und sarkastisch. Aber er schweifte im Alter gern zur Jugendzeit und seinen Jugenderinnerungen zurück, er sprach gern von dieser längstvergangenen Zeit und auffallend oft von seinem Vater. Das langandauernde Haßverhältnis war wohl schon vor dem Tode des Vaters einer ruhigeren und gerechteren Einstellung gewichen. Jetzt, in diesen späten Jahren war eine innere Aussöhnung unverkennbar. Er wurde nicht müde, über die außerordentliche persönliche Wirkung, die Überzeugungskraft zu sprechen, die von seinem Vater den Menschen gegenüber ausgegangen war, die sich an ihn mit ihren Sorgen und Nöten wandten, seien es einfache Bauern und Dorfbewohner, seien es die vornehmen Damen und Herren des umliegenden Landadels gewesen. Er konnte schlichten und trösten, wie kein anderer, er stiftete Frieden in entzweiten Familien und versöhnte die Unversöhnlichsten. Ja, Gottfried Benn hat mir gegenüber, wenn ich genau sein will, eigentlich öfter vom Vater als

Um 1953

September 1954: Tochter Nele wird von Gottfried Benn und seiner Frau Ilse am Flugplatz Berlin-Tempelhof abgeholt.

von der Mutter gesprochen. Und wenn es in dem vorstehend zitierten Gedicht heißt, daß im Elternhaus keine Bilder hingen, keine klassische oder romantische Musik gepflegt wurde, auch das Theater nur ganz am Rande erschien, dann darf man das für Benn biographisch kontrapunktieren durch die Feststellung, daß auch in seinem eigenen Leben weder Gemälde noch Musik noch Theater eine bedeutende Rolle gespielt haben; gegen musische Interieurs hatte er sogar eine Abneigung. Alle diese Züge hat er also auch bei sich erkannt, Züge des Vaters und in gewissem Sinne auch Geist des Vaters. Er, Gottfried Benn, war ein Monomane des Worts. Jedesmal bewegte es ihn, jedesmal stimmte er aus voller Überzeugung zu, wenn er las: «Im Anfang war das Wort.» Diesen gewaltigen Spruch hat er mir einmal geradezu vorwurfsvoll entgegengehalten, als ich ihm eine kleine Lesefrucht von Sigmund Freud mitbrachte und vorlas, worin es hieß: «Worte waren ursprünglich Zauber, und das Wort hat noch heute viel von seiner alten Zauberkraft bewahrt.»

Für unsere Zusammenkünfte hatten wir schon früh die Regelung getroffen, daß die Aufforderung jeweils von ihm ausging, meistens durch einen kurzen telefonischen Anruf. Die Anregung war von mir gekommen, sie hat ihm, wie ich glaube, auch behagt. Er seinerseits ging zwar fast jeden Tag in eine seiner beiden «Stammkneipen», aber er selbst mußte entscheiden, ob er plaudern oder allein sein, arbeiten wollte. Es mag für viele eine seltsame, durchaus ungewohnte Vorstellung sein: in solchen Bierlokalen entstanden manche seiner schönsten Gedichte. Hier, in Tabaksqualm, ringsherum an den Tischen quabbelndes Publikum, Skatspieler und Speisende, Rundfunklärm, hin und her eilende Kellnerinnen, saß er allein an einem Tisch, ein Glas Bier vor sich, eine Zigarette im Mund und kritzelte Verszeilen aufs Papier. Manchmal nur zwei Zeilen, oder sogar nur eine, dann brach er ab, setzte auf einem anderen Blatt etwas schon vor einiger Zeit Begonnenes fort, strich durch, korrigierte, hatte manchmal auch Mühe, seine eigene Handschrift zu entziffern. Zwischendurch blinzelte er lange in die Gegend, bestellte ein neues Bier, manchmal einen «Klaren» dazu, plauderte etliche Minuten mit der Kellnerin oder mit dem Wirt, kaufte von einem ambulenten Händler gelegentlich eine Abendzeitung und überflog sie. Dann fiel ihm nichts mehr ein, er packte alles weg und verwandelte sich für den Rest des Abends in einen schweigenden, ebenso diskreten wie minuziösen Beobachter. Er wird es mir sicherlich verzeihen, daß ich ihn hin und wieder unbemerkt beobachtete. Ich wußte natürlich, daß er das bei Bekannten eigentlich nicht liebte. War man mit ihm fest verabredet, dann legte er nicht nur Wert auf Minutenpünktlichkeit, sondern war unfehlbar schon früher da und erspähte einen schon beim Eintritt.

In der Regel trafen wir uns um acht Uhr abends und blieben bis etwa elf Uhr zusammen; manchmal wurde es auch später. Wir sprachen zuerst über die Angelegenheiten der zwei oder drei vergangenen Tage, lasen wechselseitig bemerkenswerte Briefe oder angestrichene Stellen in Zeitungen und Zeitschriften, plauderten über Persönliches und Privates, bis sich das Gespräch an irgendeinem Punkt festhakte, einem Ereignis oder einer Person. Oder — und das war meist am schönsten — er erzählte aus seinem Leben. Natürlich wußte er, daß mich alles interessierte, was ihn und sein Werk betraf. Auch verhehlte ich ihm nicht, daß ich der veralteten Gewohnheit frönte, regelmäßig Tagebuch zu führen (mit einigen Zwangslücken durch Krieg usw. seit meinem fünfzehnten Lebensjahr); deshalb weiß ich zum Beispiel auch, an welchem Frühlingstag des Jahres 1923 mir als Student in München zum erstenmal seine Werke in die Hand gerieten. Ich war rund eine halbe Generation jünger als er. Das bedingte selbstverständlich auch eine gewisse Altersdistanz, eine Schranke. Auf der anderen Seite war es jedoch kein unüberbrückbarer Altersunterschied. Ich hatte immerhin noch die zweite Hälfte der zwanziger Jahre in Berlin intensiv und aus der Fülle mitbekommen, wir hatten sogar, lange bevor wir uns persönlich kennenlernten, den einen und anderen gemeinsamen Bekannten.

Berlin, ganz selbstverständlich war es auch diese von uns gemeinsam so geliebte und unentbehrliche Stadt, was uns verband. An Kenntnis und Erfahrung darin konnte ich mich mit ihm natürlich gar nicht messen; er hatte ja schon mehr als ein Jahrzehnt in der noch kaiserlichen Stadt gelebt. Zwar war auch er wie ich Wahlberliner, nicht hier geboren, aber er war Märker, Preuße, Berlin lag immer schon vor seiner Nase, er beherrschte das Berlinische von Jugend an bis in den differenziertesten Zungenschlag. Dazu habe ich es nie gebracht, trotz aller Mühe. Aber für mich war und ist es vielleicht etwas leichter, einzusehen, wie unausdenklich Gottfried Benn von Berlin und dessen tausendfältigen Einflüssen geprägt ist. Er ist ohne Berlin gar nicht zu verstehen, so wenig wie etwa Kafka ohne Prag oder Baudelaire ohne Paris. Benn mokierte sich gerne über Rilke, der es bekanntlich in keiner Stadt aushielt, in Berlin am allerwenigsten, obschon er einige Versuche dazu machte: in einem Brief schilderte er, wie er in Schmargendorf barfuß durchs Gras ging — für echte Asphaltberliner eine entschieden etwas komische Vorstellung. (Das hinderte Benn allerdings nicht, den großen

16. April 1956

Künstler Rilke gebührend zu würdigen.) Da es Leute gibt, die behaupten, Benn habe es völlig an Humor gefehlt, sei hier versichert, daß es ihm daran durchaus nicht mangelte. War er einigermaßen in Stimmung, dann konnte er fröhlich und ausgiebig lachen, da gab es ganze Gelächterketten – daß er seinerseits humorlose Leute nicht liebte, hatte vielleicht gerade zur Folge, daß ihn diese für humorlos hielten. Vielleicht lacht man auch in Berlin etwas anders als anderswo, nicht so schnell jedenfalls, und der Witz muß danach sein, er darf nicht nach «Provinz» schmecken.

Lachend oder leidend, aber beides vorzugsweise in Berlin, das war seine, war unsere Maxime. Was ihn betrifft, sein Verhältnis zu Berlin, so war es andererseits auch keine unkritische Liebe. Er hat in dieser Stadt nahezu sein ganzes Leben verbracht und diese Stadt hat ihm nicht nur Leben, sondern auch so oft er wollte jene wunderbare, entrückte Einsamkeit gewährt, wie sie vielleicht nur in Riesenstädten möglich ist. Noch während der Blockade hatte Benn gewisse Hoffnungen auf Berlin gesetzt, wie sie in dem berühmten *Brief aus Berlin* im «Merkur» aufklingen. Eine von Benns späten Enttäuschungen bestand jedoch darin, daß sich in diesem ausgebluteten Berlin dann nicht der Geist, sondern hauptsächlich die Prosperity niederließ, daß man auch hier dank der vollen Fleischtöpfe des importierten Wirtschaftswunders immer weniger daran litt, in einem paradoxen Provisorium zu leben. Nach 1949 rostete der große Humor der Blockadezeit ein, selbst der Galgenhumor wurde zum Konsumartikel: Weltenzorn im Kabarettformat, Bosheiten, in Schnulzen verpackt, Auftragspoesie für Kulturbeamte. Immer unangenehmer drängte sie sich auf, diese leicht sentimentale Wurschtigkeit, sie wurde zu einer Art Souvenirindustrie, zum Planschbecken für Festredner, Heimatdichtung auf Westberliner Basis. Der Kontrast zwischen der Stimmung während der Blockade und der zunehmenden Enttäuschung nachher ist gar nicht zu übersehen. Hier zwei Zeugnisse. Zuerst ein Gedicht mit dem Titel *Berlin* aus dem Jahre 1948, das sich erst im Nachlaß fand:

Wenn die Brücken, wenn die Bogen
von der Steppe aufgesogen
und die Burg im Sand verrinnt,
wenn die Häuser leer geworden,
wenn die Heere und die Horden
über unsern Gräbern sind,

eines kann man nicht vertreiben:
dieser Steine Male bleiben
Löwen noch im Wüstensand,
wenn die Mauern niederbrechen,
werden noch die Trümmer sprechen
von dem großen Abendland.

1953, also fünf Jahre später steht in einem Brief an Joachim Moras, dem im März 1961 verstorbenen Mitherausgeber des «Merkur»: *Einer der ernstesten Gründe meiner Depression ist, daß es in Westberlin keine Bibliothek mehr gibt ... das wunderbare Flackern von einem Buch zum andern, das in der alten Staatsbibliothek Unter den Linden möglich war, ist nicht mehr zu erleben ... Überhaupt Berlin-West — eine größere innere Tragödie als Sie sich denken können. Wer ein paar Tage hierherkommt, ist begeistert über die angebliche Spannung hier, aber seit 8 Jahren hier leben zu müssen, ist Galeerenarbeit ...*

Benn wurde nicht gern alt und er war nicht gern alt, er verabscheute es förmlich, daraus eine Pose zu machen oder dem Unvermeidlichen etwas Verklärung abzugewinnen. Er war nach den Hungerjahren wieder rund und fest geworden, vollschlank, wie es seine Tochter nennt, und war gesund bis zur Wende 1955/56. Dabei sah er nicht alt aus, schon gar nicht wie ein Greis. Aber Alter und Altern ist ja auch ein innerer Prozeß mit kaum wahrnehmbaren Symptomen, und daran laborierte Benn mit Verdruß und wachsender Schwermut. Man kann das auch in der Lyrik dieser Zeit verfolgen. Ein Niederschlag dieser Finalstimmungen ist ein nachgelassenes Gedicht, *Hör zu*:

Hör zu, so wird der letzte Abend sein,
wo du noch ausgehn kannst; du rauchst die «Juno»,
«Würzburger Hofbräu» drei, und liest die Uno,
wie sie der «Spiegel» sieht, du sitzt allein

an kleinem Tisch, an abgeschlossenem Rund
dicht an der Heizung, denn du liebst das Warme.
Um dich das Menschentum und sein Gebarme,
das Ehepaar und der verhaßte Hund.

Mehr bist du nicht, kein Haus, kein Hügel dein,
zu träumen in ein sonniges Gelände,
dich schlossen immer ziemlich enge Wände
von der Geburt bis diesen Abend ein.

Mehr warst du nicht, doch Zeus und alle Macht,
das All, die großen Geister, alle Sonnen
sind auch für dich geschehn, durch dich geronnen,
mehr warst du nicht, beendet wie begonnen —
der letzte Abend — gute Nacht.

Dieser Frühling 1956! Wie wäre er zu vergessen! Ein Frühling, wie ich ihn ähnlich auch jetzt aus meinem Mansardenfenster in der Bozener Straße, in Doktor Benns Straße, sehe. Das Mandelbäumchen unten in dem kleinen Vorgarten, das wir beide so liebten, ist schon abgeblüht. Die riesige Kastanie vor meinem Haus, zwanzig Meter

hoch und unter Naturschutz, steht bereits in voller Blüte und orgelt die Jahreszeit in alle Fenster. Fast nichts hat sich verändert. Die meisten Häuser noch immer recht putzbedürftig, bedenklich verwahrlost, dies aber ehrlicher Zahn der Zeit, nicht die Bomben. Nach dem Zusammenbruch und noch viele Jahre darauf ragte diese kleine Straße wie ein museales Kuriosum aus den riesigen Schutt- und Trümmerwüsten ringsumher, fast wie ausgespart vom Kriege. Jetzt muß sie dieses Glück büßen, eingekreist von Neubauten, nur wenige Hausbesitzer haben kosmetisch Mitleid gehabt. Als Benn in Berlin zu studieren begann, etliche Jahre nach der Jahrhundertwende, haben die Bauern hier noch ihren Roggen geerntet, da war «nischt wie Jejend». Wenig später jedoch tobte auch hier die Bodenspekulation los, daß Chicago erbleichte, und wuchtete in wenigen Jahren das ganze sogenannte Bayrische Viertel hoch. Ja, auch der Briefkasten gegenüber dem Haus Nr. 20 steht wie früher hier, hier warf Benn seine Post ein, bevor er zum Abendschoppen ging. Am 19. April 1956, kurz vor seinem letzten Geburtstag, rief er mich an und berichtete mir erschüttert, daß Ernst Robert Curtius gestorben sei – erst wenige Tage vorher waren in einer «Freundesgabe» zum 70. Geburtstag des großen Romanisten zwei neue Gedichte Benns erschienen; als ich ihm kurz darauf berichtete, daß ich gerade an einer Rundfunkarbeit zum 100. Todestag Robert Schumanns sitze, griff er nach einem dieser Gedichte – *Wenn Sie wollen, können Sie das für Ihre Sendung ver-*

1955, mit seiner dritten Frau Dr. Ilse Kaul

werten – das Gedicht hieß *Schumann*, es erklang dann am 30. Juli 1956 «durch den Äther», drei Wochen nach dem Tod des Dichters.

Die Wenigsten ahnten oder wußten gar, wie krank Gottfried Benn bereits am 2. Mai, seinem letzten Geburtstag, war, was es ihn kostete, diesen strapaziösen Tag mit Feiern, Ansprachen, Empfängen durchzustehen. Das Merkwürdige war bis zuletzt, daß man ihm die Todeskrankheit kaum ansah. Ich selber, der ihn jede Woche traf und sprach, war zwar schon seit Januar in Sorge, aber ich schöpfte neue Hoffnung, als er nach ein paar Wochen aus dem Krankenhaus wieder nach Hause zurückkehrte. Es sah zunächst nach einer, wenn auch vermutlich langwierigen Rekonvaleszenz aus. Freilich mußte ich ihn jetzt oft zu Hause besuchen, saß dann in dem dämmrigen, kleinen Hofzimmer neben der Couch, auf der er lag, auch seine Frau gesellte sich gelegentlich zu uns, es waren durchaus keine Krankengespräche, wenngleich er von seinen Ärzten und ihren Ratschlägen nicht gerade erbaut war. Salzlose Kost, kein Bier, keine Zigaretten, dafür Rotwein – den er nicht mochte, nicht mehr sitzend, sondern am Stehpult sollte er arbeiten, sogar ein Masseur versuchte sich an ihm (*... daß es etwas so Brutales gibt, ahnte ich nicht, der riß mich auseinander, fuhr wie ein Trecker über den Rükken ...*). Was ihm jedoch fehlte, vermochte keiner anzugeben, zu den Schmerzen hieß es «Ätiologie unbekannt», Mittel dagegen rein palliativ. (Die Todeskrankheit ist überhaupt nicht klar diagnostiziert worden, nicht das so plötzliche Ende. Bei einer Sektion nach dem Tode — dann freilich. Aber Frau Dr. Benn hielt es mit einer entsprechenden Anweisung Arthur Schopenhauers: «Haben sie [die Ärzte] vorher nichts gefunden, dann brauchen sie auch nachher nichts zu finden».) Auch schlief er schlecht, wachte oft auf. Da wurde ihm eine Kur in Schlangenbad empfohlen, der Gedanke schien ihm zu gefallen, stets hatte er Klimawechsel für einen enormen Heilfaktor gehalten — ich riet also sofort zu, als er mir davon sprach.

Die erste, nur mit sehr großer Mühe zu entziffernde Nachricht aus Schlangenbad vom 14. Juni 1956 erschreckte mich allerdings sehr: *... Die Sache hier verlief leider ganz anders, als wir hofften. Als ich halbtot vor Schmerzen hier ankam, warf ich mich aufs Bett, bat einen Badearzt zu mir, ein sehr netter, sympathischer Mann, der sah meine Dokumente aus Berlin an, hörte meine Geschichte an und sagte: «Lieber Freund, Sie sind hier fehl am Platz, Sie sind 4 Wochen zu früh gekommen, völlig ausgeschlossen, bei einem so akuten schweren Anfall von Rheuma und Neuritis und so hoher Blutsenkung irgendeine balneologische Maßnahme zu ergreifen, würde die Sache nur verschlimmern. Sie bleiben fest im Bett liegen und bekommen jeden Tag eine Spritze Irgapyrin von mir.» So geschah es. Habe jetzt 7 Spritzen ohne eine leiseste Besserung, die Schmerzen sind enorm. Esse im Bett, da ich im Restaurant gar nicht sitzen kann, war noch keinen Schritt aus dem Bett. Dazu das Wetter. Regen, Nebel, Kälte. Eine ganz desolate Lage. Aber wo soll ich hin? Dies ist das erste Wort, das ich schreibe ... Bewachen Sie Dramburg! Selige Erinnerungen an Dramburg!* (Dramburg hieß unser Ecklokal.) Eine zweite Karte vom 22. d. M. enthielt nur die Bitte, Frau Renée Sintenis anzurufen und ihr alles zu berichten, er könne es nicht, käme um vor Schmerzen trotz aller Spritzen.

Am Tage nach seiner Rückkehr, am 30. Juni, ließ er mich durch seine Frau herüberbitten. Es war ein etwas kühler, matt durchsonnter Nachmittag. Da sah ich, da erkannte ich, da wehte es mich unabweisbar an: Sela, Psalmenende. Ich blieb kaum eine halbe Stunde, ich wollte ihn ja nicht ermüden und gab mir die größte Mühe, mein Erschrecken, meine Fassungslosigkeit zu verbergen, war dankbar für den Kognak, den mir Frau Benn kredenzte. Er saß im Bademantel im Vorderzimmer auf der Couch, war mit Hilfe der stärksten Mittel gerade etwas schmerzfrei, aber die zurückliegenden Wochen mit ihren Qualen hatten sein Gesicht gezeichnet, selbst den Ausdruck verändert. Auch der Rückflug und die Taxifahrt nach Hause hatten ihm entsetzlich zugesetzt. Nun wollte er so bald wie nur möglich ins Oskar-Helene-Heim, einem berühmten Spezialkrankenhaus, er sprach zweifelnd davon, aber nicht eigentlich hoffnungslos. Ein merkwürdiges Erlebnis in Schlangenbad berichtete er mir noch: da er sich im Bett nicht selber rasieren konnte, ließ er den Badefriseur kommen, plauderte mit ihm, und es stellte sich heraus, daß dieser Barbier einst in Davos gewirkt und dort auch den Moribundus Klabund rasiert hatte ...

Dann kam der Vormittag, an dem mich Frau Benn anrief und das Ende berichtete, das plötzliche, so plötzlich von niemand erwartete Ende. Und wieder ein paar Tage später war ich unter den Hunderten im Dahlemer Waldfriedhof, bei den Reden, den kirchlichen und den weltlichen, in der Kapelle und am Grab mit seinem Gebirge von Kränzen. Er war also wirklich nur die siebzig Jahre alt geworden, die er mehrmals als sein mögliches Alter genannt, aber natürlich nicht geradezu ersehnt hatte, auch war der Wunsch in Erfüllung gegangen, im Sommer zu sterben, wenn die Erde leicht und locker sei. Es war ein heißer Tag, die Sonne brannte, oben summten die Flugzeuge. Tout Berlin hatte sich eingefunden und Dutzende von Trauergästen kamen von auswärts. Einen Augenblick bannte mich Benns große, so oft wiederkehrende Vision, die Hauptformel: Trauer und Licht! Aber dann erblickte ich die vielen gespannten Intellektuellengesichter, es war klar: das sehr ergiebige, postume

Ernst Robert Curtius

Wertungs- und Deutungsgeschäft der Literatur konnte jetzt beginnen.

Um ein merkwürdiges Beispiel zu berichten, wie der Tod die Kreise schließt und ungeahntes Licht in rätselhafte Zusammenhänge entsendet: im sowjetischen (damals, 1956, allerdings noch nicht vermauerten) Teil Berlins, schrieb der rote Kultusminister Johannes R. Becher (gestorben 1958) zum Tode Benns folgendes Gedicht:

Er ist geschieden, wie er lebte: streng,
Und diese Größe einte uns, die Strenge,
Uns beiden war vormals die Welt zu eng,
Wir blieben beide einsam im Gedränge.

Unwürdig wär ein: nihil nisi bene,
Der Juli summt ein Lied dir: «Muß i denn . . .»
Mein Vers weint eine harte, strenge Träne,
Denn er nahm Abschied von uns: Gottfried Benn.

Die heimliche Sympathie, wie sie hier trotz aller publizistischen Polemik über die Jahrzehnte gewaltet hat, ist überraschend und bedeutsam. Denn dieser Gruß, der wie aus einer anderen Welt zu stammen scheint, fügt zwei Namen im Zeichen ihres dichterischen Aufbruchs, nämlich des deutschen Expressionismus zusammen — über dem Grab treffen sich zwei Extreme wie im Unendlichen.

Das postume Geschäft der Literatur also, es ist nun bereits über fünf Jahre in Gang, es läuft unausgesetzt weiter, die Hinterlassenschaft an Schock und Beunruhigung, an Schönheit und Provokation ist groß genug, um noch lange Zeit vorzuhalten und neuen Generationen weitergegeben werden zu können. Die Darstellung der Persönlichkeit selbst, des Menschen und seines Lebensschicksals, ist nur scheinbar erleichtert dadurch, daß der Dichter für Ereignisse seines äußeren und inneren Lebens Zitate die Menge hinterlassen hat — nach ihnen greifen, heißt aber schon hinter ihnen zurückbleiben. Aber auch mit allem sonstigem Material, selbst wenn es weit reichlicher und leichter zugänglich vorläge als heute, bliebe bei Benn eine Lücke, ein merkwürdiger Rest — und hier beginnt, was man sein Geheimnis, seine Unverwechselbarkeit nennen könnte oder auch bloß die schier hoffnungslose Schwierigkeit, Leben und Werk wenigstens einigermaßen zur Deckung zu bringen.

Der Verfasser von *Doppelleben* verfügte über einen ansehnlichen Vorrat von Masken. Wenn es auch vielleicht nur recht unterschiedliche Abwandlungen einer Haupt- und Grundmaske waren, nämlich der eines höflichen, äußerst zurückhaltenden, sehr korrekten Bürgers — zur Täuschung und Abwehr reichte es allemal. Es ist heute geläufig, die strengbürgerliche Zurückgezogenheit, die mimikryhafte Unauffälligkeit des äußeren Lebens Gottfried Benns zur epochalen Vorstellung vom Dichter in unserer Zeit zu erheben — im Gegensatz etwa zu Gestalten wie Rilke und George, die darauf hielten,

Der siebzigste Geburtstag. Oben: Gottfried Benn und F. W. Oelze. Rechts: Hans Egon Holthusen im Gespräch mit Oelze

selbst ihr Alltäglichstes unverwechselbar zu machen. Aber es ließe sich allerhand für die Behauptung anführen, daß es Benn weit weniger um eine solche beispielhafte Attitüde des modernen Dichters ging, als um ein ängstlich gepflegtes Existenzgehäuse, das ihm gewissermaßen gestattete, sich selber zu ertragen, die ungeheure Riskiertheit seiner ganzen Anlage, die oft unerträglichen Spannungen und Hemmungen, unter denen er litt, die mörderischen Melancholien, wie sie ihn oft wochenlang niederwarfen, quälendes Schuldbewußtsein, dem nicht immer mit Zynismus beizukommen war, nicht selten sogar ein rabiater Selbsthaß – dies alles, ja, und noch viel anderes, Pathologisches, äußerst heterogene Züge und Eigenschaften, sehr zerstörerische Dränge auch. Diese Selbsterfahrung, die nicht unbedingt identisch mit Selbsterkenntnis ist, zwang ihn schon früh zu einem schützenden Umgang mit sich selbst, aus dem sich dann so etwas wie seine zweite Natur entwickelte, eine oft etwas steife Korrektheit, hinter der allerdings nie ein Behagen, kein Selbstbehagen blinzelte. Es war dies eine Haltung, die bei zunehmender Übung später, besonders im Alter, mit humorvoller Skepsis angereichert wurde, eingerechnet die Möglichkeit, über sich selbst zu lachen.

Wieviel Maske und Tarnung ist doch auch hinter seinem häufig diskutierten Artistentum, dieser so bestechend formulierten *Gedichtmontage im Laboratorium der Worte!* Aber nach seinen eigenen Theorien ist bei ihm selbst wohl kaum ein Gedicht oder etwas von der dichterischen Prosa entstanden. Die in Brüssel abgefaßten *Rönne*-Stücke zum Beispiel waren jeweils ein innerer Sturm von Stunden und Tagen, etwas drängte hervor und verschwand wieder, ganz rätselhaft und hinterher gar nicht mehr zu begreifen ... auch mündlich hat er mir das etliche Male versichert, nicht nur in Berlin, sondern auch in jenem Brüsseler Café, in das wir nach einem längeren Spaziergang durch die belgische Hauptstadt ermüdet und durstig eingekehrt waren. Es war im September 1952, wir waren auf dem Wege nach dem Seebad Knokke, zur «Biennale des Poètes», und hatten die Fahrt für einen Tag unterbrochen. Ein wolkenloser Tag, die Sonne brannte noch ganz hochsommerlich, wir waren gleich nach dem Frühstück im Hotel aufgebrochen. Gottfried Benn war ein ausgezeichneter Führer zu den baulichen Sehenswürdigkeiten der Innenstadt, er bewegte sich mit einer Sicherheit, als wäre er erst gestern hiergewesen. Vor dem herrlichen Rathaus sagte er langsam und etwas zögernd: *Wenn Sie den Fußmarsch nicht scheuen, sehr weit ist es nicht, ich möchte gern nachsehen, ob das Haus noch steht.* Es stand noch, ein niedriges Eckhaus, in seinem zur etwas abschüssigen Nebenstraße gehörenden Teil war eine «Epicerie». Die vielen Firmenschilder verrieten, daß es als Geschäftshaus in dieser teuren Gegend der Stadt genutzt wurde – in diesem Hause also hatte der Oberarzt Benn während des Ersten Weltkrieges gelebt, elf Zimmer des beschlagnahmten Hauses standen ihm zur Verfügung, außer ihm wohnte nur noch seine Ordonnanz darin. Hier war einiges entstan-

Schlangenbad im Taunus: das Kurhotel

den, was zu den höchsten Leistungen des deutschen Expressionismus gehört. Dieses Haus also hatten wir gesehen, saßen nun im Café, plauderten und er sagte: *Das liegt ja nun alles so lange zurück, daß es kaum mehr wahr ist, nichts irrealer als vergangene Stimmungen, was im Gedächtnis bleibt und als Erinnerung hervorkommt, ist lauter Schlacke, Nebensächliches, Belangloses.* Aber natürlich kramte er noch manches Spaßige oder Sonderbare aus seiner etappenärztlichen Zeit hervor. Auch nachher in Knokke, als sich sein alter Bekannter Lernet-Holenia zu uns gesellt hatte, kam es noch zu so manchem Gespräch über seine belgische Zeit, aber nie klang etwas auf oder mit, was auch nur den geringsten Aufschluß über den Dr. Werff Rönne gegeben hätte — das war also nicht im Entferntesten mehr anzugeben, das blieb eine ferne Stunde, ihr Rausch und die beschriebenen Blätter ...

Und so wiederhole ich also als meine Überzeugung, was die Schaffensweise von Gottfried Benn betrifft: es war alles völlig rätselhaft und hinterher nicht mehr zu begreifen. Den verwaschenen Begriff «Inspiration» mochte er nicht, das bleibt zu respektieren, weil es seine Meinung war. Nichts läßt sich in diesem Zusammenhang begründen. Auch die Zeile *Sela, Psalmenende* läßt sich nicht begründen, es läßt sich nicht mit Sicherheit sagen, wofür sie steht und Zeichen ist wofür. Aber der Mann, der sie schrieb, schon ins Dunkel und die Auflösung hinein, der stand mit dem Kugelschreiber in der Hand wohl allemal der Inspiration etwas näher als dem künstlerischen Laboratoriumsbetrieb. Mit all meinen Erinnerungen, Aufzeichnungen

und Tagebuchnotizen bin ich in den Jahren seit seinem Tod nicht eigentlich weiter gekommen, zu keiner Klarheit, keiner echten Wesenserhellung. Er ist weder durch Anekdoten noch durch Pathos, weder durch Analyse noch durch Interpretation überzeugend zu fassen. Er war zu lieben, ja, und meine unbedingte Verehrung unterscheidet sich eigentlich nicht von Liebe. Es ist für mein bescheiden Teil seine Wirklichkeit auch zu messen an der schmerzlichen Verlassenheit, in der er mich (und natürlich auch andere) zurückließ und die sich seitdem unaufhörlich steigerte — meine Verarmung spiegelt seinen Reichtum, auch wenn man all dies nur auf den Menschen bezieht, der Vertrauen gewährte und Vertrauen schenkte. Aber die ganze Wirklichkeit Gottfried Benns ist nicht zu fassen und das liegt bestimmt nicht bloß an dem Widerspruch zwischen der Armut der äußeren Fakten und einer geistigen Wirkung und Nachwirkung von so unverhältnismäßiger Größe. Ein fast ereignisloses Leben kann man zwar auch bei Mallarmé und Valéry feststellen, ihm entspricht jedoch bei beiden ein wohl qualitativ sublimes, dafür aber thematisch und allgemeinbezüglich etwas schmal umgrenztes Werk. Bei Benn hingegen finden wir die gesamte Problematik der Epoche, sei sie nun geistes- oder naturwissenschaftlich. Wo er durchging, brach jede Wunde des Jahrhunderts auf. Stets treffen wir ihn im Niemandsland zwischen Rationalismus und Irrationalismus, in einem Gelände ohne Hoffnungen und Illusionen, aber immer mit der Nilpferdpeitsche wider den Kulturbetrieb jeder Observanz und mit Verachtung für das *hündische Kriechen der Intelligenz vor den politischen Begriffen.* Es ist also gerade diese Breite, ja Universalität des künstlerischen Tuns und Wirkens bei Benn, der gegenüber das persönliche Leben faktenmäßig scheinbar unbegreiflich dürftig bleibt. Angesichts dieses beispiellosen Gegensatzes steht man immer wieder vor einem Rätsel, wird die Gestalt Gottfried Benns überhaupt zu einer der rätselhaftesten unserer Geistesgeschichte.

Für die Jüngeren und Jungen unter seinen Bewunderern (wie auch seiner Gegner natürlich) kommt die große Schwierigkeit hinzu, die Welt und die Zeit, aus der er kam und die ihn entscheidend mitformten, in ihr Benn-Bild einzubeziehen. Niemand entgeht seiner Epoche, selbst wenn er so einsam und abgekehrt lebte wie Benn. Die Geschichte ist nicht zum Aussuchen, man wird in sie hineingeboren. *Es ist kein Zweifel,* bekennt der Dichter, *daß es einen nach Form und Inhalt beschreibbaren Umkreis gibt, innerhalb dessen der Zugehörige einer bestimmten Generation echt und repräsentativ wirkt und außerhalb dessen er verfallen und abgelebt erscheint.* Das Geschichtlich-Ereignishafte seiner Epoche hat Benn trotz aller prinzipiellen Geschichtsfeindlichkeit sehr eindringlich studiert, man findet eine ganze Reihe von Betrachtungen und Miniaturen geschichtsbezüglicher Art in seinem *Roman des Phänotyp,* den er im Kriegsjahr 1944 in Landsberg a. d. Warthe schrieb. Aber das waren Dinge, die er als Zeitgenosse wußte, zum Teil miterlebt, ja, auch miterlitten hatte, dafür gilt das von ihm so verehrte Rilke-Wort «Überstehen ist

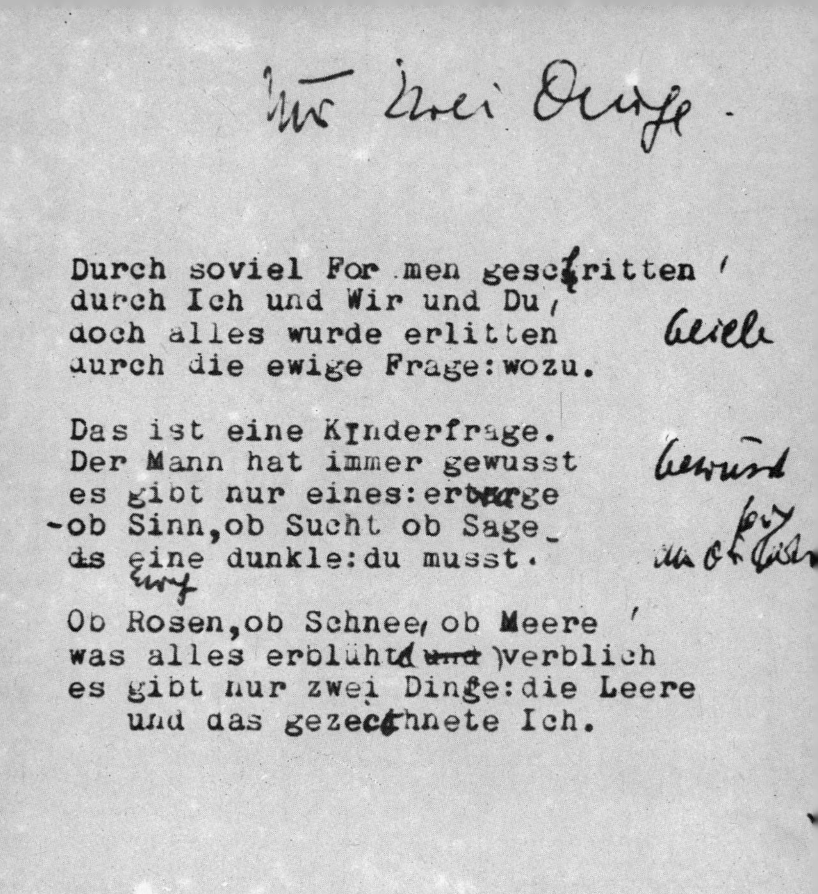

Nur zwei Dinge.

Durch soviel Formen geschritten,
durch Ich und Wir und Du,
doch alles wurde erlitten
durch die ewige Frage: wozu.

Das ist eine Kinderfrage.
Der Mann hat immer gewusst
es gibt nur eines: ertrage
– ob Sinn, ob Sucht ob Sage –
das eine dunkle: du musst.

Ob Rosen, ob Schnee, ob Meere,
was alles erblühte (und) verblich
es gibt nur zwei Dinge: die Leere
und das gezeichnete Ich.

alles». Das jedoch, was ihn gewissermaßen direkt formte, seine eigentliche Heimat: das ist Berlin, immer Berlin, Berlin bis zu dem Maße, daß man fragen könnte, ob das Phänomen Benn ohne es überhaupt denkbar wäre. Hier liegt eine vertrackte Schwierigkeit für die Jüngeren, denn die allermeisten kennen Berlin überhaupt nicht oder sie verwechseln es mit dem heutigen, gegenwärtigen Berlin, diesem bedauernswerten Experimentierfeld der Weltmächte, das zwar für die Politik einen hohen Symbolwert hat, aber bis auf weiteres keine Metropole ist, kein kultureller Mittelpunkt, kein wertsetzendes Kräftefeld für die Künste.

Wer immer zum Beispiel es unternimmt, Benns Sprache zu studieren und zwar nicht nur in seiner Prosa, wird als entscheidende Ausdruckselemente ein Vokabular und einen Zungenschlag antreffen,

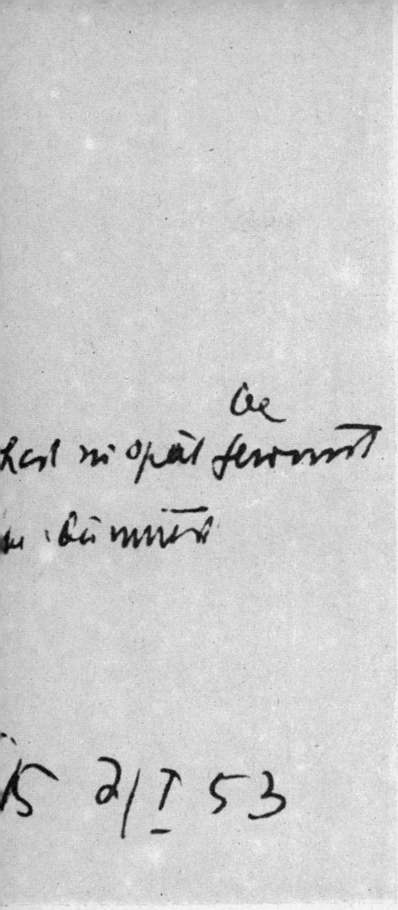

die ausschließlich in Berlin gedeihen. Sie haben oft keine feine Herkunft, man nennt es abschätzig Jargon oder Slang, aber wenn man mit ihnen hantieren gelernt hat, bilden sie einen ausgezeichneten Schutz gegen die Bildungssprache, gegen Phrase und Gemüt, gegen den manierierten Ernst und das abgestandene Pathos der akademischen Rhetorik. Mit diesem Slang konnte man den Panzer der Dinge abtasten, bis sich eine schadhafte Stelle fand — denn es war ja stets eine im übrigen Deutschland nicht immer beliebte Eigenart des Berliners, einen sicheren Blick für alles Lächerliche zu haben. Auf das eigentlich Sprachschöpferische des Berliner Slangs kann hier natürlich nicht eingegangen werden — aber aus diesem Slang schöpfte Benn bereits mit seinen frühen Gedichten, ihm lauschte er die merkwürdigsten Reize ab und verwandelte dann seinerseits diese Funde in neue Ausdrucksmöglichkeiten. Wer das übersieht, und wegen der gesunkenen Bedeutung Berlins geschieht das leicht, der übersieht also etwas Wesentliches und der wird bei nicht wenigen Gedichten Benns, ob er sie nun still oder laut liest, stimm- und stimmungsmäßig danebengreifen. Dies gilt natürlich besonders für die freien prosaartigen Gedichte. Nimmt man nämlich ein Gedicht zur Hand, wie das zitierte *Teils-Teils,* dann würde auch die gewissenhafteste, gelehrteste Seminar-Interpretation unzulänglich bleiben, wenn sie taub bliebe für den Klang jenes Berliner Kammer-Tons, wie man es nennen könnte, für das beiläufige, ein bißchen spöttisch angehauchte «understatement», durch welches die zweimal erscheinende Schlußzeile *Sela, Psalmenende* erst jede falsche Feierlichkeit verliert und nun ganz von selbst zur unterschwelligen Bedeutung gelangt von «Erledigt, reden wir nicht mehr davon».

Das sind kleine Bemerkungen, Beobachtungen und Erinnerungs-

Das Begräbnis auf dem Waldfriedhof in Berlin-Dahlem

notizen. Vielleicht verdeutlichen sie manches und machen ein wenig aufmerksam auf so manches Übersehene und Unbeachtete. Eine ungewöhnliche heiße Frühlingssonne geht gerade in der Bozener Straße unter. Bald beginnt die Nacht. Zum Stichwort «Naturfremdheit» schrieb Benn einmal: *Die Natur ist eine seltsame Umgebung, verläßt man sein Zimmer, schon die gewöhnliche Luft hat fremdartigen Charakter. Ein Strauch mit Blüten in einer Stadtstraße — das genügt oder ein andermal ein Blick zum Himmel, zu einem grauen Himmel, gegen den ein Vogel fliegt, kein feiner, ein Star — und dann beginnt die Nacht. Wir sind aus Riesenstädten, in der City, nur in ihr, schwärmen und klagen die Musen.*

ZEITTAFEL

1886	2. Mai. Gottfried Benn als Sohn des Pastors Gustav Benn (1857—1939) und seiner Frau Caroline Benn, geb. Jequier (1858—1912) in Mansfeld, Kreis Westprignitz, geboren. Aufgewachsen in Sellin in der Neumark. Erster Unterricht im Pfarrhause.
1896—1903	Besuch des Friedrichs-Gymnasiums in Frankfurt a. d. Oder. In einem Internat.
1903	28. Februar. Reifezeugnis.
1903—1904	Studiert zwei Semester Theologie und Philologie in Marburg.
1904	Sommersemester. Fortsetzung des Studiums in Berlin. Nach zwei weiteren Semestern wendet sich Benn 1905 dem Studium der Medizin zu.
1905—1910	Ausbildung in der Kaiser-Wilhelm-Akademie für das militärärztliche Bildungswesen in Berlin. Abschluß des Medizin-Studiums nach zehn Semestern.
1910	Erhält den ersten Preis der medizinischen Fakultät der Universität Berlin für seine Schrift über *Ätiologie der Pubertätsepilepsie* (erschienen in der «Zeitschrift für Psychiatrie», 1911).
1911—1912	Als Unterarzt im Infanterie-Regiment 64 in Prenzlau. Nimmt — aus gesundheitlichen Gründen — seinen Abschied vom Militär.
1912	26. Februar. Promotion in Berlin mit einer medizinischen Dissertation: *Über die Häufigkeit des Diabetes melitus im Heer.* 14. März. Approbation als Arzt in Berlin. Arbeitet als Pathologe und Serologe im Krankenhaus Charlottenburg-Westend. Veröffentlichung des ersten Gedichtheftes als Lyrisches Flugblatt bei A. R. Meyer: *Morgue und andere Gedichte.* Beginn der Freundschaft mit Else Lasker-Schüler. Lernt die jungen expressionistischen Dichter im Café des Westens kennen.
1913	Der zweite Gedichtband erscheint: *Söhne. Neue Gedichte.* Sommeraufenthalt auf Hiddensee. Lernt Edith Osterloh, eine Witwe aus München, kennen. 10. November. Übernimmt die Leitung des Pathologischen Instituts am Städtischen Krankenhaus in der Sophie-Charlottenstraße.
1914	März bis Juni Reisen als Schiffsarzt nach Amerika, «impfte das Zwischendeck». Heiratet bei Ausbruch des Krieges Edith Osterloh. August. Zieht als Militärarzt ins Feld. Nimmt an den Kämpfen in Belgien teil, «erstürmte Antwerpen».
1915—1917	«Lebte in der Etappe einen guten Tag, war lange in Brüssel, wo Sternheim, Flake, Carl Einstein, Hausenstein ihre Tage verbrachten.»
1915	8. September. Die Tochter Nele in Dresden-Hellerau geboren.
1916	Die Rönne-Prosa *Gehirne* erscheint als Heft bei Kurt Wolff in «Der jüngste Tag». Die einzelnen Teile waren vorher in den «Weißen Blättern» erschienen.
1917	Die gesammelten Gedichte erscheinen im Verlag der Aktion unter dem Titel: *Fleisch.* 10. November. Gottfried Benn läßt sich als Facharzt für Haut- und Geschlechtskrankheiten in Berlin, Belle-Alliance-Str. 12, nieder und führte hier seine Praxis bis 1935.

Die Totenmaske

1918—1920 Es erscheinen im Erstdruck: *Diesterweg. Eine Novelle; Der Vermessungsdirigent. Erkenntnistheoretisches Drama; Etappe; Karandasch; Das moderne Ich.*

1922 Die *Gesammelten Schriften* erscheinen im Erich Reiß Verlag in Berlin.

19. November. Tod von Edith Benn, geb. Osterloh.

1924—1925 Weitere Veröffentlichungen bei A. R. Meyer: *Schutt; Betäubung; Spaltung.*

1931 Am 21. November Uraufführung des Oratoriums «Das Un-

	aufhörliche» (Text von Gottfried Benn, Musik von Paul Hindemith).
1932	Benn wird Mitglied der Preußischen Akademie der Künste, Abteilung Dichtung.
1933–1934	Vorübergehend im Bannkreis der nationalsozialistischen Ideologie (*Der neue Staat und die Intellektuellen; Kunst und Macht*).
1935	1. April. Benn verläßt Berlin und läßt sich reaktivieren; als Oberstabsarzt in der Wehrersatz-Inspektion Hannover tätig. In der Deutschen Verlags-Anstalt erscheinen die *Ausgewählten Gedichte*, Benns letzte Publikation in der Nazizeit.
	7. Mai. Schwere Angriffe gegen Benn in «Das Schwarze Korps» und im «Völkischen Beobachter».
1937	Sommer. Versetzung nach Berlin. Als Versorgungsarzt tätig. Bezieht Ende des Jahres seine Wohnung Bozener Straße.
1938	22. Januar. Heiratet Herta von Wedemeyer aus Hannover.
	18. März. Ausschluß aus der Reichsschrifttumskammer und Schreibverbot.
1943–1945	Verlegung der Wehrdienststelle, in der Benn zuletzt als Oberstarzt tätig war, nach Landsberg an der Warthe.
1945	Rückkehr nach Berlin. Wieder als Arzt tätig.
	2. Juli. Benns zweite Frau Herta, geb. von Wedemeyer, kommt in einem Dorf an der Elbe im Zusammenhang mit sowjetischen Besatzungsgreueln um.
1946	18. Dezember. Heiratet Dr. Ilse Kaul.
1948	Mit *Statische Gedichte* beginnt das umfangreiche Spätwerk zu erscheinen.
1951	21. Oktober. Verleihung des Büchner-Preises in Darmstadt durch die Akademie für Sprache und Dichtung.
1956	2. Mai. Feier des siebzigsten Geburtstages.
	7. Juli. Tod Gottfried Benns in Berlin.

Mancher, der ein Buch liest, murrt . . .

. . . wenn er Werbung findet, wo er Literatur suchte. Reklame in Büchern!!!? Warum nicht auch zwischen den Akten in Bayreuth oder neben den Gemälden in der Pinakothek?

«Rowohlts Idee mit der Zigarettenreklame im Buch (finde ich) gar nicht anfechtbar, vielmehr sehr modern. Hauptsache, es hat Erfolg und nützt dem Buch, was die deutsche Innerlichkeit dazu sagt, ist allmählich völlig gleichgültig, die will ihren Schlafrock und ihre Ruh und will ihre Kinder dußlig halten und verkriecht sich hinter Salbadern und Gepflegtheit und möchte das Geistige in den Formen eines Bridgeclubs halten – dagegen muß man angehen . . .»

Das schrieb Ende 1950 – Gottfried Benn.

An Stelle der «Zigarettenreklame» findet man nun in diesen Taschenbüchern Werbung für Pfandbriefe und Kommunalobligationen. «Hauptsache, es hat Erfolg und nützt dem Buch.» Und es nützt auch dem Leser. (Für die Jahreszinsen eines einzigen 100-Mark-Pfandbriefs kann man sich beispielsweise drei Taschenbücher kaufen.)

ZEUGNISSE

Emil Faktor

Benn hat die Furchtlosigkeit eines bitteren Beobachters, die Schamlosigkeit eines Fachmannes. Poeten, welche den Äther kosmisch durchfliegen, dichten anders. Aber sie erregen mit neuen Gedichten selten das Gefühl so stark, daß man ihnen gleich öffentlich danken möchte.

In: Pan 2 (1912)

Ernst Stadler

Am meisten interessieren die Verse eines jungen Arztes, Gottfried Benns «Morgue». Schon äußerlich durch die Stoffwahl, die nun freilich gründlich mit dem lyrischen Ideal der Blaublümeleinritter aufräumt. Eine Blinddarmoperation als Gegenstand dichterischer Emotion hat immerhin den Anspruch der Neuheit für sich. Aber nur der Philister wird etwas Existierendes, etwas, das in unser Leben eingreift, von dem Erschütterungen ausgehen, prinzipiell aus dem Bereich der Kunst ausschließen. Entscheidend ist einzig die Leben weckende Kraft des Dichters. Und durch sie sind Gottfried Benns Verse gerechtfertigt. Mit einer umheimlichen Schärfe und Sachlichkeit läßt Benn den Vorgang aufleben, erst mit ein paar Meisterstrichen die Situation andeutend, dann in Rede und Gegenrede überspringend, ohne alles Sentiment, fast brutal, als handele es sich um nichts als einen nackten ärztlichen Operationsbericht, aber in jeder Zeile, in der Gedrängtheit der Folge, der Verteilung der Kräfte, der Macht der Vergegenständlichung den Künstler verratend. Auch die meisten anderen Gedichte dieses Heftes entstammen der klinischen Sphäre. Überall herrscht jene wie unbeteiligte Sachlichkeit, die nur Tatsächlichkeiten aufzureihen scheint und doch, auch ohne die zuweilen ins Allgemeine überleitenden Schlußzeilen, schon durch die gleichsam lautlos mitschwingende Musik der inneren Erschütterung verrät, daß hinter dieser schroffen Zugeschlossenheit ein starkes mitleidendes Gefühl steht, eine fast weibliche Empfindsamkeit und eine verzweifelte Auflehnung gegen die Tragik des Lebens und die ungeheure Gefühllosigkeit der Natur.

Rezension 1912

Else Lasker-Schüler

Er ist ein evangelischer Heide, ein Christ mit dem Götzenhaupt, mit der Habichtnase und dem Leopardenherzen. Sein Herz ist fellgefleckt und gestreckt. Er liebt Fell und liebt Met und die großen Böcke, die am Waldfeuer gebraten wurden. Ich sagte einmal zu ihm: «Sie sind allerleiherb, lauter Fels, rauhe Ebene, auch Waldfrieden, und Buchecker und Strauch und Rotrotdorn und Kastanien im Schatten und Goldlaub, braune Blätter und Rohr. Oder Sie sind, Erde und Wurzeln und Jagd und Höhenrauch und Löwenzahn und Brennesseln und Donner.» Er steht unentwegt, wankt nie, trägt das Dach einer Welt auf dem Rücken.

In: Die Aktion 1913

Max Krell

Er steht mitten drin mit einer an Brutalität grenzenden Klarheit, er identifiziert sich mit ihr. Benn greift weiter – als Meyrink, Kafka, Brod – Benn wird selbst zum metaphysischen Element, das den Realitäten ihre Farbe und ihre Sprache entreißt, das Diesseitiges und Jenseitiges zu einem unerhörten Expressionismus zerbricht. Die Stücke der alten Welt fliegen unter seinen Händen auseinander, um – hier wendet sich Benns negative Produktivität – an den Bruchflächen die Pole des Neuen zu weisen. In diesem Gestalter, den Gott selbst aus vulkanischem Ton machte, steckt das Heimliche, Starke, den Mikrokosmos Erfassende des Unbeirrbaren, das heißt des Dichters, der die großen Zusammenhänge schon mit dem ersten Instinkt ahnte.

In: Neue Rundschau 1917

Carl Einstein

Benn verharrt entschlossen im Gedicht; allerdings jede Artistik ist nihilistisch, da durch sie das «Wirkliche» ins Fiktive zurückgeworfen wird. Diese Artistik scheint bei Benn so gut wie bei Baudelaire zunächst Notwehr einer delikaten Empfindsamkeit zu sein, dann aber Zeichen einer dichterischen Reinheit, wovor das Wirkliche zum wahllos unsinnigen Ramsch falliert ...

Bei Benn ist alles auf Isolierung des Ichs gerichtet, und dies ist schmale Fackel der Gestaltung. Damit wird eine Indifferenz gegen das Gesetzte und Leidenschaft für das noch nicht Entdeckte gewiesen, das aus immanenten Bezirken wächst. Man wertet die Welt des Draußen nicht mehr und wendet sich von ihr ab, um in eigenen Elementen hymnisch zu verharren ...

Vor Leistung ist Lob töricht; ich stelle meine Bewunderung fest.

Rezension 1927

Peter Hamecher

Benn hat in seinen letzten Gedichten wie in seiner Prosa wider das logische Bewußtsein eins gewonnen: die rauschhafte Schau, das Bewußtsein der Zusammenhänge. Er bindet den Menschen und die Welt wieder an die alten schöpferischen Kräfte. Freilich bleibt auf der anderen Seite das heutige intellektuelle Ich ein Bestandteil seines Wesens, voll skeptischer Fragwürdigkeit, narzißhaft über sich gebeugt. Die Transzendenz ist, trotz aller Mythenbesessenheit, nur Ahnung; mehr Willenserschleichnis als Besitz, und unaufhebbar ist die schwermütige Trauer über den Versen, die Abwärtsstimmung der Zeit. In dieser Spannung der Kräfte aber, die auch wohl aus artistischen Gründen gewollt ist, liegt gerade der heutige Reiz der Bennschen Poesie, ihre schmerzliche Gegenwärtigkeit. Und hier liegt auch die versinnbildlichende Repräsentanz der dichterischen Persönlichkeit. Benn weiß um die Situation, in der er steht, um die tiefe Einsamkeit, die um ihn gelagert ist: «Es gibt nur den Einsamen und seine Bilder, seit kein Manitu mehr zum Clan erlöst.» Das Große an Benn aber ist, wie er sein Ich als Welt hinzustellen vermag und damit die Tragödie der Zeit sichtbar macht.

Gottfried Benn. 1932

Max Rychner

In Benns Gedichtwelt ist auch nicht das mindeste aufgelöst; sie ordnet sich von der Nichtsverehrung an hinauf in die Sphäre der Vergegenwärtigung kraft einer Sympathie, die durch alle Zeiten hindurchlangt bis zurück auf die ekstatische Flamme, das Sonnenzeichen für alles, was jemals Form wurde. Das in einer geistigen Liebesordnung offenbarend Bewahrte gibt seinen Versen die Kraft, zu sein und zu dem dafür Bereiten, zum Nächsten in seiner Ferne zu transzendieren. Warum sind seine vollendeten Gedichte Beschwörungen der toten Geliebten, sein großartigster Essay der über Goethe – «für das Sein des Menschen die bis heute letzte große gültige Instanz», warum? Da wird die Grenze des Ichs überflogen: der Nächste ist da nicht mehr entweder Spiegelbild des Ichs oder Karikatur des Spießers, sondern die ewige Geliebte, der große Bruder. Auch der artistische Ptolemäer wird gedreht, ins Licht von Mond und Sonne und ihrer Gleichnisse, die auch Mensch geworden sind und danach verlangen, es wieder zu werden.

Gottfried Benn. 1943

Friedrich Sieburg

Er war immer ein großer Dichter; aber was uns früher zu schockieren vermochte, seine Neigung, uns durch Wühlen in der organischen Hinfälligkeit des menschlichen Körpers zu erschrecken und aus der herkömmlichen Denkbahn zu werfen, ist fast ganz der reinen Anerkennung des Todes gewichen. Seine große naturwissenschaftliche Bildung, die sich sonst leicht in die Lust, das Äußerste zu sagen, eindrängte, hat sich in eine Weisheit verwandelt, welche den illusionslosen Einblick in alles Organische stillschweigend voraussetzt.

Rezension 1949

Karl Schwedhelm

Gottfried Benn ist ein beispielhafter Fall für das Leben aus dem Geiste. Ihm ist es aufgetragen, nach dem Worte Saint-Exupérys Sturmleitern an die Nacht zu legen, deren angrenzende Nähe er spürt und deren Heraufkommen unabwendbar ist. So rettet er sich in das einzig Währende, in das Wort und in die Form. Ihm ist verhängt, tiefer zu leiden, aber auch tiefer zu sehen. Seine Stimme ist eine Stimme des Leides und der Warnung. Sie ist zugleich eine Stimme der Erhöhung durch das Leid. Die fieberhafte Geschäftigkeit des Jahrhunderts, die selbstbetrügerische Aktivität des Roboters versinkt vor der Sitte und der Dauer der Form.

In: Deutsche Rundschau 1951

Hans Egon Holthusen

Benn war moderne Welt, Geist der City, synkopischer Rhythmus, faszinierender Aufruhr der Sprache. Seine Kunstübung setzt die Idee des Nichts voraus, den «leeren Raum um Welt und Ich», sein Gedicht ist die Antwort auf die «formfordernde Gewalt des Nichts». Er glaubt nicht an den Sinnertrag der Geschichte, die für ihn ein Chaos von blutigem Unsinn ist, und er glaubt auch nicht mehr an die Idee der Wahrheit: «Stil ist der Wahrheit überlegen.» Aber er glaubt an das schöpferische Wort, das wie «Flammenwurf und Sternenstrich» durch den Nachthimmel dieser Weltstunde fährt, er glaubt an das Kunstwerk, das wie ein Skarabäus die Flucht der Zeiten überdauert. Seine Formel ist ein nihilistischer Ästhetizismus von großartiger Folgerichtigkeit.

Deutsche Literatur nach dem Zweiten Weltkrieg. 1955

Clemens Graf Podewils

Was in seinem Werk auseinanderzuklaffen scheint, Hart und Innig, Kälte und Ergriffenheit, Schroffes und Wärmendes – der Mensch hat es in der Einheit seiner Person versammelt. Er war ein Herr von alter Art: Darin beschlossen ist Männlichkeit und Wohlwollen, Zurückhaltung und Entgegenkommen und eine Unerschrockenheit, die sich nicht anders als bescheiden geben kann. Er hatte Maß.

Solche Ausgewogenheit hat nichts Starres. Ihre Bewegung ist rhythmisch – und Rhythmus war das Gesetz seiner Dichtung. Das gilt nicht nur für die strenggefügten Strophen, sondern auch noch für die ganz zerlöst scheinenden Gebilde. Diejenigen, die sich seine Jünger nennen, werden das beherzigen müssen. Weder auf Rhythmus noch auf Sinn verzichtet sein Gedicht, mag es uns auch durch das weither Zusammengeholte seiner Farben, Klänge und Worte zunächst befremden und erst durch die Befremdung hindurch am Ende beglücken.

Totenrede für Gottfried Benn. 1956

BIBLIOGRAPHIE

1. *Wissenschaftliche Hilfsmittel*

LOHNER, EDGAR: Gottfried Benn Bibliographie 1912—1956. Wiesbaden (Limes) 1958

KÖTTELWESCH, CLEMENS: Bibliographie der deutschen Literaturwissenschaft. Bd. 2. 1957—1958; Bd. 3. 1959—1960. Frankfurt a. M. 1960—1961 [Enthält die Ergänzungen zu der reichhaltigen Bibliographie Edgar Lohners.]

BUDDEBERG, ELSE: Probleme um Gottfried Benn. In: Deutsche Vierteljahrsschrift für Literaturwissenschaft und Geistesgeschichte 34 (1960), S. 107—161; 35 (1961), S. 433—479

PAETEL, KARL O.: Gottfried Benn im Lichte der amerikanischen Kritik. In: Neue deutsche Hefte 6 (1954), S. 475—478; vgl. auch die weitere Arbeit des Verf.: Auslandsstimmen über Gottfried Benn. In: Eckart 28 (1959), S. 83—86

BUDDEBERG, ELSE: Probleme um Gottfried Benn. Die Benn-Forschung 1950—1960. Stuttgart 1962

2. *Werke in Gesamt- und Einzelausgaben*

Wir beschränken uns nach der Nennung der Gesamtausgabe auf die Erstausgaben in Buchform. Im übrigen sei auf die Bibliographie von E. Lohner verwiesen.

Gesammelte Werke in 4 Bdn. Hg. von DIETER WELLERSHOFF. Bd. 1—4. Wiesbaden 1958—1961
Bd. 1. Essays, Reden, Vorträge. 1959 — Bd. 2. Prosa und Szenen. 1958 — Bd. 3. Gedichte. 1960 — Bd. 4. Autobiographische und vermischte Schriften. 1961

Morgue und andere Gedichte. Berlin-Wilmersdorf (A. R. Meyer) 1912 (Lyrische Flugblätter)

Söhne. Neue Gedichte. Berlin-Wilmersdorf (A. R. Meyer) 1913 (Lyrische Flugblätter)

Gehirne. Novellen. Leipzig (K. Wolff) 1916 (Der jüngste Tag. 35)

Fleisch. Gesammelte Lyrik. Berlin-Wilmersdorf (Die Aktion) 1917 (Die Aktions-Lyrik. 3)

Diesterweg. Eine Novelle. Berlin-Wilmersdorf (Die Aktion) 1918 (Der rote Hahn. 8)

Der Vermessungsdirigent. Erkenntnistheoretisches Drama. Berlin (Die Aktion) 1919 (Aktions-Bücher der Aeternisten. 9)

Etappe. Berlin-Wilmersdorf (Die Aktion) 1919 (Der rote Hahn. 50)

Das moderne Ich. Berlin (Reiß) 1920 (Tribüne der Kunst und Zeit. 12)

Die gesammelten Schriften. Berlin (Reiß) 1922

Schutt. [Gedichte] Berlin-Wilmersdorf (A. R. Meyer) 1924

Betäubung. Berlin-Wilmersdorf (A. R. Meyer) 1925

Spaltung. Neue Gedichte. Berlin-Wilmersdorf (A. R. Meyer) 1925

Gesammelte Gedichte. Berlin (Verlag Die Schmiede) 1927

Gesammelte Prosa. Potsdam (Kiepenheuer) 1928

Fazit der Perspektiven. Berlin (Kiepenheuer) 1931

Das Unaufhörliche. Oratorium in 3 Teilen. Vertont von Paul Hindemith. Mainz (Schott) 1931

Nach dem Nihilismus. Berlin (Kiepenheuer) 1932
Der neue Staat und die Intellektuellen. Stuttgart (Deutsche Verlags-Anstalt) 1933
Kunst und Macht. Stuttgart (Deutsche Verlags-Anstalt) 1934
Ausgewählte Gedichte. 1911—1936. Stuttgart (Deutsche Verlags-Anstalt) 1936
Gedichte. Hamburg (Ellermann) 1936 (Das Gedicht. II,7)
Statische Gedichte. Zürich (Die Arche) 1948; Wiesbaden (Limes) 1949
Goethe und die Naturwissenschaften. Zürich (Die Arche) 1949
Drei alte Männer. Gespräche. Wiesbaden (Limes) 1949
Der Ptolemäer. Wiesbaden (Limes) 1949
Ausdruckswelt. Essays und Aphorismen. Wiesbaden (Limes) 1949
Trunkene Flut. Ausgewählte Gedichte [bis 1935, mit Epilog 1949]. Wiesbaden (Limes) 1949
Doppelleben. Zwei Selbstdarstellungen. Wiesbaden (Limes) 1950
Frühe Prosa und Reden. Eingel. von Max Bense. Wiesbaden (Limes) 1950
Fragmente. Neue Gedichte. Wiesbaden (Limes) 1951
Probleme der Lyrik. Wiesbaden (Limes) 1951
Essays. Wiesbaden (Limes) 1951
Die Stimme hinter dem Vorhang. Wiesbaden (Limes) 1952
Frühe Lyrik und Dramen. Wiesbaden (Limes) 1952
Destillationen. Neue Gedichte. Wiesbaden (Limes) 1953
Monologische Kunst —? Ein Briefwechsel zwischen Alexander Lernet-Holenia und Gottfried Benn. Wiesbaden (Limes) 1953
Altern als Problem für Künstler. Wiesbaden (Limes) 1954
Aprèslude. [Gedichte] Wiesbaden (Limes) 1955
Reden. München (Langen/Müller) 1955
Über mich selbst. 1886—1956 München (Langen/Müller) 1956
Soll die Dichtung das Leben bessern? Wiesbaden (Limes) 1956
Gesammelte Gedichte. Wiesbaden (Limes) 1956
Primäre Tage. Gedichte und Fragmente aus dem Nachlaß. Wiesbaden (Limes) 1958
Späte Gedichte. Aprèslude, Fragmente, Destillationen. Wiesbaden (Limes) 1965
Leben ist Brückenschlagen. Gedichte, Prosa, Autobiographisches. München (Droemer-Knaur) 1965 (Knaur-Taschenbücher. 85)
Weinhaus Wolf. [Weinhaus Wolf. Züchtigung II. Kunst und Drittes Reich. Zum Thema Gedichte.] Frankfurt a. M. (Suhrkamp) 1967 (Bibliothek Suhrkamp. 202)
Sämtliche Erzählungen. Reinbek (Rowohlt) 1970
[Nocturno — Gehirne — Die Eroberung — Die Reise — Die Insel — Der Geburtstag — Diesterweg — Querschnitt — Der Garten von Arles — Das letzte Ich — Alexanderzüge mittels Wallungen — Urgesicht — Saison — Weinhaus Wolf — Roman des Phänotyp — Der Ptolemäer — Der Radardenker]

3. Schallplatten

Die meisten Schallplatten wurden nach dem Tode Gottfried Benns nach den Rundfunktonbändern auf Initiative des Limes Verlages geschnitten. Es sind also historische Aufnahmen.

Altern als Problem für Künstler. Gottfried Benn spricht seinen Vortrag.

Wiesbaden (Limes) 1957. ⌀ 30 cm, 33 UpM
Gottfried Benn liest Gedichte und Prosa. Wiesbaden (Limes) 1957; Hamburg (Deutsche Grammophon-Gesellschaft). ⌀ 25 cm, 33 UpM
Gottfried Benn liest die Totenrede für Klabund. Wiesbaden (Limes) 1958; Hamburg (Deutsche Grammophon-Gesellschaft). ⌀ 17 cm, 45 UpM
Soll die Dichtung das Leben bessern? Aus dem Vortrag im Kölner Funkhaus am 15. November 1955. Beilage zum Jahrbuch des Westdeutschen Rundfunks. Köln 1958. ⌀ 25 cm, 33 UpM
Gottfried Benn liest Die neue literarische Situation und Gedichte. Wiesbaden (Limes) 1960; Hamburg (Deutsche Grammophon-Gesellschaft). ⌀ 25 cm, 33 UpM
jazz und lyrik. Gedichte von Gottfried Benn. Sprecher: Gert Westphal. Musik von Jay Jay Johnson. Zusammengestellt von Joachim E. Berendt. Hamburg (Philips) 1961. ⌀ 30 cm, 33 UpM

4. Lebenszeugnisse

Ausgewählte Briefe. Mit einem Nachwort von Max Rychner. Wiesbaden (Limes) 1957
Briefe an Ernst Jünger, E. R. Curtius, Max Rychner u. a. (Ausgew. und eingel. von Peter Schifferli.) Zürich (Die Arche) 1960 (Die kleinen Bücher der Arche)
Briefe an F. W. Oelze. Mit einem Vorwort des Adressaten. In: Merkur 15 (1961), S. 438—454
Den Traum alleine tragen. Neue Texte, Briefe, Dokumente. Hg. von Paul Raabe und Max Niedermayer. Wiesbaden (Limes) 1966
Sörensen, Nele: Mein Vater Gottfried Benn. Wiesbaden (Limes) 1960
Lind, Georg Rudolf: Interview mit Gottfried Benn. In: Die Tat (Zürich), 15. 1. 1950
Brentano, Bernard von: Erinnerungen an Gottfried Benn. In: Gegenwart 11 (1956), S. 302
Koch, Thilo: Gottfried Benns letzte Tage. In: Neue deutsche Hefte 3 (1956/57), S. 652—663

5. Gesamtdarstellungen

Klemm, Günther: Gottfried Benn. Wuppertal 1958 (Dichtung und Deutung. 6)
Koch, Thilo: Gottfried Benn. Ein biographischer Essay. München 1957
Schümann, Kurt: Gottfried Benn. Eine Studie. Emsdetten 1957
Nef, Ernst: Das Werk Gottfried Benns. Zürich 1958
Wellershoff, Dieter: Gottfried Benn. Phänotyp dieser Stunde. Eine Studie über den Problemgehalt seines Werkes. Köln 1958
Garnier, Pierre: Gottfried Benn. Un demi siècle vécu par un poète allemand. Paris 1959
Pensa, Mario: Un saccerdote dell assoluto. Gottfried Benn. Bologna 1960
Uhlig, Helmut: Gottfried Benn. Berlin 1961 (Köpfe des XX. Jahrhunderts. 20)
Wallmann, Jürgen P.: Gottfried Benn. Mühlacker 1965 (Genius der Deutschen)

6. Einige Würdigungen

Kurtz, Rudolf: Bei Gelegenheit Benns. In: Pan 2/1912, H. 38, S. 1059—1062
Lasker-Schüler, Else: Doktor Benn. In: Die Aktion 3 (1913), Sp. 639

FLAKE, OTTO: Gottfried Benn. In: Die Weltbühne 20/1924, H. 37, S. 392—394
JOLAS, EUGÈNE: Gottfried Benn. In: Transition 5 (1927), Sp. 146—149
PETRY, WALTER: Gottfried Benn. In: Die Neue Bücherschau 5 (1927), H. 3, S. 22—24
HERRMANN-NEISSE, MAX: Gottfried Benns Prosa. In: Die Neue Bücherschau 7 (1929), S. 376—380
MANN, KLAUS: Gottfried Benns Prosa. In: Die Literatur 32 (1930), S. 195—197 — Wiederabdruck in: Mann, Auf der Suche nach einem Weg. Berlin 1931. S. 104—110
GÜRSTER-STEINHAUSEN, EUGEN: Gottfried Benn, ein Abenteurer der geistigen Verzweiflung. In: Die Neue Rundschau 63 (1947), S. 215—226
BENSE, MAX: Ptolemäer und Mauretanier. Köln 1950
HOHOFF, CURT: Gottfried Benn. In: Wort und Wahrheit 5 (1950), S. 838—848 — Wiederabdruck in: Hohoff, Geist und Ursprung. München 1954. S. 87—101
JANCKE, OSKAR: Gottfried Benn. In: Deutsche Rundschau 76 (1950), S. 681—683
OLIASS, HEINZ GÜNTHER: Gottfried Benn. In: Welt und Wort 5 (1950), S. 34—35
SCHWEDHELM, KARL: Gottfried Benn. In: Weltstimmen 19 (1950), S. 393—397
GRENZMANN, WILHELM: Gottfried Benn. In: Stimmen der Zeit 77 (1951), S. 106 ff
SCHWEDHELM, KARL: Das methaphysische Abenteuer der deutschen Poesie. Der Weg des Dichters Gottfried Benn. In: Deutsche Rundschau 77 (1951), S. 637—647
LOHNER, EDGAR: Gottfried Benn. German Poet. In: Western Review 17 (1953), Sp. 177—184
ERVAL, FRANÇOIS: Gottfried Benn ou la double vie des intellectuels allemands 103 (1954), Sp. 2276—2285
GARNIER, PIERRE: Gottfried Benn. In: Critique 8 (1954), Sp. 847—863
SCHWERTE, HANS: Gottfried Benn. In: Denker und Deuter im heutigen Europa. Bd. 1. Oldenburg 1954. S. 125—137
SEYPPEL, JOACHIM: A renaissance of German poetry. Gottfried Benn. In: Modern Language Forum 39 (1954), Sp. 115 ff
GRENZMANN, WILHELM: Die Dichtung Gottfried Benns. In: Universitas 10 (1955), S. 119—132
LION, FERDINAND: Gottfried Benn. In: Deutsche Literatur im 20. Jahrhundert. Hg. von Hermann Friedmann und Otto Mann. Heidelberg 1955. S. 156—168
BEDNARIK, KARL: Gottfried Benn. In: Wort und Wahrheit 11 (1956), S. 770—772
FABRI, ALBRECHT: Rede auf Gottfried Benn. Wiesbaden 1956 — Wiederabdruck in: Fabri, Variationen. Wiesbaden 1959. S. 119—133
FECHTER, PAUL: Gottfried Benn. In: Neue deutsche Hefte 26 (1956), S. 141—144
GAIL, ANTON: Faszinierende Montage. Zum 70. Geburtstag von Gottfried Benn. In: Wirkendes Wort 6 (1956), S. 293—296
HOLTHUSEN, HANS EGON: Gottfried Benn. Rede zu seinem 70. Geburtstag. In: Jahresring 1956/1957. S. 317—330 — Wiederabdruck in: Holthusen, Das Schöne und das Wahre. München 1958. S. 183—201
MUSCHG, WALTER: Der Ptolemäer. Abschied von Gottfried Benn. In: Muschg, Die Zerstörung der deutschen Literatur. Bern 1956. S. 47—70
PODEWILS, CLEMENS GRAF: Am Grabe Benns. In: Gestalt und Gedanke 4 (1957), S. 90—93

SCHWEDHELM, KARL: Allein: du mit den Worten ... Zum Tode Gottfried Benns. In: Deutsche Rundschau 82 (1956), S. 858—861
Totenreden für Gottfried Benn. Wiesbaden 1956 [Reden von Oskar Söhngen, Hans Egon Holthusen, Clemens Graf Podewils.]
UHLIG, HELMUT: Gottfried Benn. In: Expressionismus. Hg. von Hermann Friedmann und Otto Mann. Heidelberg 1956. S. 168—181
WINZEN, RENÉ: Gottfried Benn ou la perfection du néant. In: Documents 11 (1956), Sp. 1059—1063
BLÖCKER, GÜNTER: Die neuen Wirklichkeiten. Berlin 1957. S. 149—165
HAMBURGER, MICHAEL: Gottfried Benn. In: Hamburger, Reason and energy. London 1957. Sp. 273—312
JENS, WALTER: Sekten und Vogelflug. Gottfried Benn. In: Texte und Zeichen 3 (1957), S. 389—407 — Wiederabdruck in: Jens, Statt einer Literaturgeschichte. Pfullingen 1958. S. 133—157
GÜRSTER, EUGEN: Gottfried Benn. In: Lexikon der Weltliteratur im 20. Jahrhundert. Bd. 1. Freiburg i. B. 1960
HAUTUMM, HANS-LUDWIG: Gottfried Benn. Das moderne Ich. In: Deutschunterricht 12 (1960), S. 79—89
PÜLLMANN, A.: Gottfried Benn — Versuch einer phänomenologischen Bestandsaufnahme. In: Ärztliche Praxis 1960, S. 659—664

7. Untersuchungen

GRIMM, REINHOLD: Gottfried Benn. Die farbige Chiffre in der Dichtung. Nürnberg 1958 (Erlanger Beiträge zur Sprach- und Kunstwissenschaft. 1)
LOOSE, GERHARD: Die Ästhetik Gottfried Benns. Frankfurt a. M. 1961
LOHNER, EDGAR: Passion und Intellekt. Die Lyrik Gottfried Benns. Neuwied 1961

KASACK, HERMANN: Gottfried Benns Lyrik. In: Die Horen 4 (1928), S. 905—909 — Wiederabdruck in: Kasack, Mosaiksteine. Frankfurt a. M. 1956. S. 127—133
MILCH, WERNER: Das Nichts und die Form. Bemerkungen zum Werk Gottfried Benns. In: Preußische Jahrbücher 240 (1935), S. 257—271
RYCHNER, MAX: Gottfried Benn. Züge seiner dichterischen Welt. In: Neue Schweizer Rundschau 1943. S. 148—180 — Wiederabdruck in: Rychner, Zur europäischen Literatur. Zürich 1951. S. 239—290
PAETEL, KARL O.: Von der Einsamkeit und der Publizität. Randbemerkungen zu Gottfried Benns neuen Büchern. In: Die Sammlung 6 (1951), S. 277—288
GOLFFING, FRANCIS: Note on Gottfried Benn. In: Poetry 80 (1952), S. 271—275
CLAES, ASTRID: Der lyrische Sprachstil Gottfried Benns. Diss. Köln 1953
LOHNER, EDGAR: A critical interpretation of Gottfried Benn's poem «Spät». In: Monatshefte 45 (1953), S. 308—319
LOHNER, EDGAR: The development of Gottfried Benn's idea of expression as value. In: German Quarterly 26 (1953), S. 39—54
MARTINI, FRITZ: Gottfried Benn. Der Ptolemäer. In: Martini, Das Wagnis der Sprache. Stuttgart 1954. S. 468—517
WEISSTEIN, ULRICH: Gottfried Benn and expressionism. In: Folio 19 (1954), S. 89—102
GÜRSTER, EUGEN: Das Schöne und das Nichts. Die Welt Gottfried Benns. In: Hochland 47 (1955), S. 310—321

Allemann, Beda: Statische Gedichte. Zu einem Gedicht von Gottfried Benn. In: Merkur 10 (1956), S. 402—413
Lohner, Edgar: Gottfried Benn. Abschied. In: Die deutsche Lyrik. Hg. von Benno von Wiese. Bd. 2. Düsseldorf 1956. S. 450—461
Lohner, Edgar: Gottfried Benn und T. S. Eliot. In: Neue deutsche Hefte 26 (1956), S. 100—107
Motekat, Helmut: Gottfried Benn. Verlorenes Ich. In: Wege zum Gedicht. Hg. von R. Hirschenauer und A. Weber. München 1956. S. 326—338
Rychner, Max: Monologische Dichtung. Ein Briefwechsel Alexander Lernet-Holenia—Gottfried Benn. In: Rychner, Arachne. Zürich 1957. S. 276—284
Rychner, Max: Gottfried Benn in seinen Briefen. In: Neue deutsche Hefte 4 (1956/57), S. 487—497
Runge, Edith A.: Gottfried Benn's «Nur zwei Dinge». In: Monatshefte 49 (1957), S. 161—178
Killy, Walther: Der Tränen nächtige Bilder. Trakl und Benn. In: Killy, Wandlungen des lyrischen Bildes. Göttingen 1958. S. 116—135
Minder, Robert: Das Bild des Pfarrhauses in der deutschen Literatur von Jean Paul bis Gottfried Benn. Wiesbaden 1958 (Akademie der Wissenschaften und der Literatur. Abhandlungen)
Schöne, Albrecht: Säkularisation als sprachbildende Kraft. Studien zur Dichtung deutscher Pfarrsöhne. Göttingen 1958 (Palaestra. 226)
Goffin, Roger: Die Leere und das gezeichnete Ich. Gottfried Benns Gedichte. In: Revue des langues vivantes 25 (1959), Sp. 202—216
Haller, Elmar: Die Entwicklung der Weltanschauung Gottfried Benns in seinem frühen Werk. Diss. Innsbruck 1959
Lind, Georg Rudolf: Gottfried Benn y el expressionismo aléman. In: Arbor 44/1959, Nr. 162, Sp. 215—232
Goffin, Roger: Gottfried Benn et le national socialisme. In: Revue belge de philosophie et d'historie 38 (1960), Sp. 795—808
Hannöver, Emmy: Gottfried Benn. Gewisse Lebensabende I. In: Wirkendes Wort 10 (1960), S. 105—112
Homeyer, Helene: Gottfried Benn und die Antike. In: Zeitschrift für deutsche Philologie 79 (1960), S. 113—124
Koller, Hermann: «Wer allein ist, ist auch im Geheimnis». Zur Begegnung mit dem Werk Gottfried Benns. In: Die Schulwarte 13 (1960), S. 513—540
Lohner, Edgar: Welt und Ausdruck des späten Ich. Interpretation eines Gedichts von Gottfried Benn. In: Germanisch-Romanische Monatsschrift 41 (1960), S. 305—344
Seidler, Ingo: Statische Montage. Zur poetischen Technik im Spätwerk Gottfried Benns. In: Monatshefte 52 (1960), S. 321—330
Strelka, Joseph: Gottfried Benn, der Hyperboliker des Perspektivismus. In: Strelka, Rilke, Schönwiese und die Entwicklung der modernen Lyrik. Wien 1960. S. 53—93
Heselhaus, Clemens: Deutsche Lyrik der Moderne von Nietzsche bis Iwan Goll. Düsseldorf 1961. S. 9—16; 258—285
Balser, Hans-Dieter: Das Problem des Nihilismus im Werke Gottfried Benns. Bonn 1964 (Abhandlungen zur Kunst-, Musik- und Literaturwissenschaft. 29)
Eykman, Christoph: Die Funktion des Häßlichen in der Lyrik Heyms, Trakls und Benns. Bonn 1964 (Bonner Arbeiten zur Deutschen Literatur. 11)
Buddeberg, Else: Studien zur lyrischen Sprache Gottfried Benns. Düsseldorf 1964 (Wirkendes Wort. 8. Beiheft)
Hillebrand, Bruno: Artistik und Auftrag. Zur Kunsttheorie von Benn und

Nietzsche. München 1966 (sammlung dialog. 7)
USINGER, FRITZ: Gottfried Benn und die Medizin. Wiesbaden 1967 (Abhandlungen der Akademie der Wissenschaften und der Literatur. Klasse der Literatur)
WITSCHEL, GÜNTER: Rausch und Rauschgift bei Baudelaire, Huxley, Benn, Burroughs. Bonn 1968
BLEINAGEL, BODO: Absolute Prosa. Ihre Konzeption und Realisierung bei Gottfried Benn. Bonn 1969 (Abhandlungen zur Kunst-, Musik- und Literaturwissenschaft. 62)
STEINHAGEN, HARALD: Die Statischen Gedichte von Gottfried Benn. Die Vollendung seiner expressionistischen Lyrik. Stuttgart 1969 (Veröffentlichungen der Deutschen Schillergesellschaft. 28)

NAMENREGISTER

Die kursiv gesetzten Zahlen bezeichnen die Abbildungen

QUELLENNACHWEIS DER ABBILDUNGEN

Foto-Grafik, Berlin: 150/151 / Ullstein-Bilderdienst, Berlin: 6, 16, 19, 20, 21, 22/23, 29, 31, 41, 46, 48, 50, 67, 78, 93, 96, 102/103, 106, 109, 112/113, 115, 117, 130/131, 158 / Ise Benn: 8, 10, 11, 13, 14, 17, 24/25, 27, 42, 53, 59, 61, 73, 77, 84, 86/87, 89 und Umschlag-Rückseite, 104, 119, 126, 133, 136, 138, 141, 142, 144, 155 oben und unten, 157, 160/161, 162 oben und unten, 163 / Fritz Werner, Freiburg/Brg.: 35 / Süddeutscher Verlag, München: 36/37, 95 / Radio Times Hulton Picture Library, London: 45 / Aus: George Grosz, Das Gesicht der herrschenden Klasse (Der Malik-Verlag, Berlin-Halensee): 63 / Foto Baumann: 121 / Susanna Schapowalow, Hamburg: 143 / Fritz Eschen, Berlin: 146/147 und Umschlag-Vorderseite, 165 / dpa: 153 / Lotte Jacobi, Deering/New Hampshire: 81

Die Aufnahme des Geburtshauses Seite 9 wurde uns von dem jetzt in Mansfeld amtierenden Pfarrer Haas zur Verfügung gestellt.

rowohlts monographien

IN SELBSTZEUGNISSEN
UND BILDDOKUMENTEN
HERAUSGEGEBEN
VON KURT KUSENBERG

LITERATUR

BAUDELAIRE / Pascal Pia [7]
BECKETT / Klaus Birkenhauer [176]
BENN / Walter Lennig [71]
BORCHERT / Peter Rühmkorf [58]
BRECHT / Marianne Kesting [37]
BÜCHNER / Ernst Johann [18]
WILHELM BUSCH / Joseph Kraus [163]
CAMUS / Morvan Lebesque [50]
CLAUDIUS / Peter Berglar [192]
DANTE / Kurt Leonhard [167]
DOSTOJEVSKIJ / Janko Lavrin [88]
DROSTE-HÜLSHOFF / Peter Berglar [130]
EICHENDORFF / Paul Stöcklein [84]
FALLADA / Jürgen Manthey [78]
FONTANE / Helmuth Nürnberger [145]
STEFAN GEORGE / Franz Schonauer [44]
GIDE / Claude Martin [89]
GOETHE / Peter Boerner [100]
BRÜDER GRIMM / Hermann Gerstner [201]
HAUPTMANN / Kurt Lothar Tank [27]
HEBBEL / Hayo Matthiesen [160]
HEBEL / Uli Däster [195]
HEINE / Ludwig Marcuse [41]
HEMINGWAY / G.-A. Astre [73]
HESSE / Bernhard Zeller [85]
HÖLDERLIN / Ulrich Häussermann [53]
HOFMANNSTHAL / Werner Volke [127]
JOYCE / Jean Paris [40]
KAFKA / Klaus Wagenbach [91]
ERICH KÄSTNER / Luiselotte Enderle [120]
KELLER / Bernd Breitenbruch [136]
KLEIST / Curt Hohoff [1]
KARL KRAUS / Paul Schick [111]
LESSING / Wolfgang Drews [75]
MAJAKOWSKI / Hugo Huppert [102]
HEINRICH MANN / Klaus Schröter [125]
THOMAS MANN / Klaus Schröter [93]
HENRY MILLER / Walter Schmiele [61]
MORGENSTERN / Martin Beheim-Schwarzbach [97]
MÖRIKE / Hans Egon Holthusen [175]
ROBERT MUSIL / Wilfried Berghahn [81]
NESTROY / Otto Basil [132]
NOVALIS / Gerhard Schulz [154]
POE / Walter Lennig [32]
PROUST / Claude Mauriac [15]

RAABE / Hans Oppermann [165]
RILKE / Hans Egon Holthusen [22]
ERNST ROWOHLT / Paul Mayer [139]
SAINT-EXUPÉRY / Luc Estang [4]
SARTRE / Walter Biemel [87]
SCHILLER / Friedrich Burschell [14]
F. SCHLEGEL / Ernst Behler [123]
SHAKESPEARE / Jean Paris [2]
G. B. SHAW / Hermann Stresau [59]
SOLSCHENIZYN / R. Neumann-Hoditz [210]
STIFTER / Urban Roedl [86]
STORM / Hartmut Vinçon [186]
DYLAN THOMAS / Bill Read [143]
TRAKL / Otto Basil [106]
TUCHOLSKY / Klaus-Peter Schulz [31]
MARK TWAIN / Thomas Ayck [211]
VALENTIN / Michael Schulte [144]
WALTHER VON DER VOGELWEIDE / Hans-Uwe Rump [209]
WEDEKIND / Günter Seehaus [213]
OSCAR WILDE / Peter Funke [148]

PHILOSOPHIE

ENGELS / Helmut Hirsch [142]
ERASMUS VON ROTTERDAM / Anton J. Gail [214]
GANDHI / Heimo Rau [172]
HEGEL / Franz Wiedmann [110]
HEIDEGGER / Walter Biemel [200]
HERDER / Friedr. W. Kantzenbach [164]
HORKHEIMER / Helmut Gumnior u. Rudolf Ringguth [208]
JASPERS / Hans Saner [169]
KANT / Uwe Schultz [101]
KIERKEGAARD / Peter P. Rohde [28]
GEORG LUKÁCS / Fritz J. Raddatz [193]
MARX / Werner Blumenberg [76]
NIETZSCHE / Ivo Frenzel [115]
PASCAL / Albert Béguin [26]
PLATON / Gottfried Martin [150]
ROUSSEAU / Georg Holmsten [191]
SCHLEIERMACHER / Friedrich Wilhelm Kantzenbach [126]
SCHOPENHAUER / Walter Abendroth [133]
SOKRATES / Gottfried Martin [128]
SPINOZA / Theun de Vries [171]
RUDOLF STEINER / J. Hemleben [79]
VOLTAIRE / Georg Holmsten [173]
SIMONE WEIL / A. Krogmann [166]

RELIGION

SRI AUROBINDO / Otto Wolff [121]
KARL BARTH / Karl Kupisch [174]
JAKOB BÖHME / Gerhard Wehr [179]
MARTIN BUBER / Gerhard Wehr [147]
BUDDHA / Maurice Percheron [12]
EVANGELIST JOHANNES / Johannes Hemleben [194]
FRANZ VON ASSISI / Ivan Gobry [16]
JESUS / David Flusser [140]
LUTHER / Hanns Lilje [98]
MÜNTZER / Gerhard Wehr [188]
PAULUS / Claude Tresmontant [23]
TEILHARD DE CHARDIN / Johannes Hemleben [116]

GESCHICHTE

ALEXANDER DER GROSSE / Gerhard Wirth [203]
BAKUNIN / Justus Franz Wittkop [218]
BEBEL / Helmut Hirsch [196]
BISMARCK / Wilhelm Mommsen [122]
CAESAR / Hans Oppermann [135]
FRIEDRICH II. / Georg Holmsten [159]
CHE GUEVARA / Elmar May [207]
GUTENBERG / Helmut Presser [134]
HO TSCHI MINH / Reinhold Neumann-Hoditz [182]
W. VON HUMBOLDT / Peter Berglar [161]
KARL DER GROSSE / Wolfgang Braunfels [187]
LASSALLE / Gösta v. Uexküll [212]
LENIN / Hermann Weber [168]
LUXEMBURG / Helmut Hirsch [158]
MAO TSE-TUNG / Tilemann Grimm [141]
NAPOLEON / André Maurois [112]
RATHENAU / Harry Wilde [180]
SCHUMACHER / H. G. Ritzel [184]
TITO / Gottfried Prunkl u. Axel Rühle [199]
TROTZKI / Harry Wilde [157]

Erzählungen großer Autoren unserer Zeit in Sonderausgaben

James Baldwin · Gesammelte Erzählungen

Gottfried Benn · Sämtliche Erzählungen

Albert Camus · Gesammelte Erzählungen

Truman Capote · Gesammelte Erzählungen

Roald Dahl · Gesammelte Erzählungen

Alfred Döblin · Gesammelte Erzählungen

Ernest Hemingway · Sämtliche Erzählungen

Kurt Kusenberg · Gesammelte Erzählungen

D. H. Lawrence · Gesammelte Erzählungen

Sinclair Lewis · Gesammelte Erzählungen

Henry Miller · Sämtliche Erzählungen

Yukio Mishima · Gesammelte Erzählungen

Robert Musil · Sämtliche Erzählungen

Vladimir Nabokov · Gesammelte Erzählungen

Jean-Paul Sartre · Gesammelte Erzählungen

James Thurber · Gesammelte Erzählungen

John Updike · Gesammelte Erzählungen

Thomas Wolfe · Sämtliche Erzählungen

Rowohlt Verlag

367/14

Gruppe Cinéthique
Filmische Avantgarde
und politische Praxis
Hg.: Gloria Behrens, Leo Borchard, Beatrix Schumacher, Rainer Gansera [24]

Ronald D. Laing
Knoten [25]

Michael Schneider
Neurose und Klassenkampf
Materialistische Kritik der Psychoanalyse [26]

Paul Nizan
Für eine neue Kultur
Aufsätze zu Literatur und Politik in Frankreich [27]

John Barth
Ambrose im Juxhaus
Fiktionen für den Druck, das Tonband und die menschliche Stimme [28]

Ronald Fraser
Im Versteck [29]

Lu Hsün
Der Einsturz der Lei-feng-Pagode
Essays über Literatur und Revolution in China [32]

Heinz Brüggemann
Literarische Technik
und soziale Revolution
Versuche über das Verhältnis von Kunstproduktion, Marxismus und literarischer Tradition in den theoretischen Schriften Bertolt Brechts [33]

Ron Padgett
Große Feuerbälle [34]

Hartmut Lange
Die Revolution als Geisterschiff
Massenemanzipation und Kunst [36]

Günter Wallraff / Jens Hagen
Was wollt ihr denn, ihr lebt ja noch
Chronik einer Industrieansiedlung [37]

Literaturmagazin I
für eine neue Literatur – gegen den spätbürgerlichen Literaturbetrieb
Hg.: Hans Christoph Buch [38]

Renate Rasp
Chinchilla
Leitfaden zur praktischen Ausübung [39]

Klaus Staeck
Die Reichen müssen noch reicher werden
Politische Plakate [40]

Wolfgang Harich
Jean Pauls Revolutionsdichtung
Versuch einer neuen Deutung seiner heroischen Romane [41]

Thomas Pynchon
Die Versteigerung von N° 49
Roman [42]

Maurice Godelier
Anthropologie und Ökonomie
Kritische Analysen zum Begriff der sozialen Struktur primitiver Gesellschaften [43]

Gustav von Wangenheim
Da liegt der Hund begraben
und andere Stücke
Aus dem Repertoire der ‹Truppe 31› [44]

John Berger
Glanz und Elend des Malers
Pablo Picasso [45]

Rolf Hochhuth
Lysistrate und die Nato. Komödie [46]

Joris Ivens
Die Kamera und Ich
Autobiographie eines Filmers [47]

Burkhard Driest
Die Verrohung des Franz Blum
Bericht [48]

Proletarische Lebensläufe
Autobiographische Dokumente
zur Entstehung der ‹Zweiten Kultur› in Deutschland
Band 1: 1848–1914
Hg.: Wolfgang Emmerich [50]

Jürgen Theobaldy
Blaue Flecken
Gedichte. Mit Zeichnungen von Berndt Höppner [51]

Walter Fähnders / Martin Rector
Linksradikalismus und Literatur
Untersuchungen zur Geschichte der sozialistischen Literatur in der Weimarer Republik [52]

rororo NEUE DEUTSCHE PROSA

Ulrich Becher
Das Profil. Roman [1612]

Peter Bichsel
Die Jahreszeiten. Roman [1241]

Wolfgang Borchert
Draußen vor der Tür und ausgewählte Erzählungen. Nachwort: Heinrich Böll [170]
– Die traurigen Geranien und andere Geschichten aus dem Nachlaß. Hg. und Vorwort: Peter Rühmkorf [975]

Rolf Dieter Brinkmann
Keiner weiß mehr. Roman [1254]

Friedrich Dürrenmatt
Der Richter und sein Henker. Roman [150]
– Der Verdacht. Roman [448]

Gisela Elsner
Die Riesenzwerge. Ein Beitrag [1141]

Hubert Fichte
Die Palette, Roman [1300]
– Interviews aus dem Palais d'Amour etc. [1560]

Max Frisch
Homo faber. Ein Bericht [1197]

Günter Grass
Katz und Maus. Eine Novelle [572]
– Hundejahre. Roman [1010]

Max von der Grün
Irrlicht und Feuer. Roman [916]

Peter Handke
Die Hornissen. Roman [1098]

Peter Härtling
Das Familienfest oder Das Ende der Geschichte [1368]

Willi Heinrich
Schmetterlinge weinen nicht. Roman [1583]

Rolf Hochhuth
Der Stellvertreter. Ein christliches Trauerspiel. Vorwort: Erwin Piscator. Erweiterte Taschenbuchausgabe: Mit einer Variante zum fünften Akt und einem Essay von Walter Muschg [997]
– Soldaten. Nekrolog auf Genf. Tragödie [1323]
– Krieg und Klassenkrieg. Studien. Vorwort: Fritz J. Raddatz [1455]
– Guerillas. Tragödie in 5 Akten [1588]
– Die Hebamme. Komödie [1670]

Uwe Johnson
Zwei Ansichten [1068]

Siegfried Lenz
Die Augenbinde. Parabel /
Nicht alle Förster sind froh. Ein Dialog [1284]

Angelika Mechtel
Kaputte Spiele. Roman [1572]

Hans Erich Nossack
Spätestens im November. Roman [1082]
– Der Fall d'Arthez. Roman [1393]

Christa Reinig
Orion trat aus dem Haus. Neue Sternbilder [1470]

Gregor von Rezzori
Maghrebinische Geschichten. Mit Zeichnungen des Autors [259]
– Neue maghrebinische Geschichten. 1001 Jahr Maghrebinien [1475]

Gerhard Rühm
Die Frösche und andere Texte [1460]

Ursula Trauberg
Vorleben. Nachwort: Martin Walser [1330]

Martin Walser
Ehen in Philippsburg. Roman [557]

Peter Weiss
Die Ermittlung. Oratorium in 11 Gesängen [1192]

Dieter Wellershoff
Die Schattengrenze. Roman [1376]

Oswald Wiener
Die Verbesserung von Mitteleuropa. Roman [1495]

Gabriele Wohmann
Abschied für länger. Roman [1178]

34/19